기초의 기초
DO IT YOURSELF
01

맨처음 ★ 파우치

보그사 지음 | 브론테살롱 옮김

도서북

파우치 만들기 5 - class

1 class	지퍼 달기	꽃무늬 패턴 파우치 · 6 지퍼 class · 8 지퍼 끝처리 방법 5가지 · 10 캐러멜 파우치 · 16	통통 파우치 · 17 쉘 파우치 · 18 동전 파우치 · 19 안경 파우치 · 20
2 class	접착심 붙이기	사각 파우치 · 22 접착심 class · 23	
3 class	안감 넣기	지퍼 파우치 · 24 안감 class · 25 직사각 파우치 · 26 파우치 안감 넣기 · 28	
4 class	천 고르기	캔버스 파우치 · 34 타이벡	비닐 파우치 · 35 칸막이 파우치 · 36 화장품 파우치 · 37	천 class · 38
5 class	프레임 달기	프레임 파우치 · 40 프레임 class · 41 프레임 다는 방법 · 42 여행 파우치 · 44	A5 파우치 · 46 교통카드+열쇠 파우치 · 47
응용 class	일상 파우치 만들기	건강 파우치 · 48 열쇠 파우치 · 50 주머니 파우치 · 51 코바늘 파우치 · 52	테트라 파우치 · 53 베이글 파우치 · 54 고양이 파우치 · 55 파우치의 부분 명칭 · 56

만드는 방법 ▶ P. 57

* 이 책에 실린 작품을 복제해서 판매(매장, 바자회, 인터넷 등)하는 것은 금지되어 있습니다. 바느질을 즐기는 용도로만 이용해 주세요.

파우치 만들기의 기본

○ 천의 종류

옥스포드
적당히 두께가 있는 면. 셔츠 천으로 많이 쓰인다.

리넨
아마의 실로 짠 얇은 천. 강도, 광택, 내구성, 흡습성이 좋다.

론
코마사를 사용하여 밀도를 작게 제직한 얇은 면 천. 손수건, 블라우스, 커튼 등에 사용한다. 겉감으로 사용하는 경우에는 접착심을 붙인다.

캔버스
올이 굵고 튼튼한 직물로 면이나 마로 만든다. 호수가 작을수록 두꺼운데, 가정용 재봉틀로 박는 경우는 11호 정도가 좋다.

인테리어 천
커텐 등 인테리어에 사용하는 두꺼운 천. 다양한 무늬의 수입 천도 있다.

도비
기계로 무늬를 만든 천. 물방울이나 기하학 모양, 작은 꽃 등 작은 무늬의 천이 많다.

시팅
거칠게 짠 천. 무지뿐 아니라 프린트 천도 풍부하다. 겉감, 안감 모두 사용할 수 있다.

브로드
감촉이 부드럽고 광택이 있는 면 소재의 천이다.

○ 준비할 도구

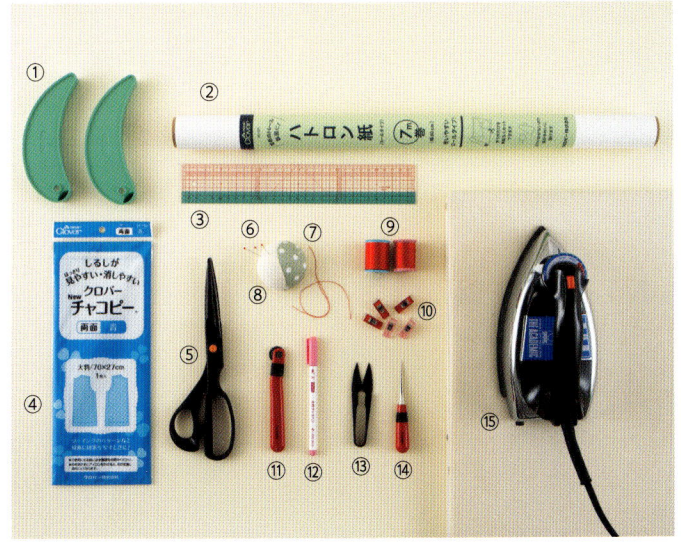

① **웨이트** 패턴을 베낄 때 사용하는 누름돌
② **패턴지** 패턴을 베끼기 위한 얇은 종이
③ **방안자** 바둑판 모양의 눈이 그려져 있는 것이 편리함.
④ **복사지(먹지)** 천 사이에 끼우고, 위에서 룰렛으로 눌러 선을 표시
⑤ **재단가위** 천을 자르는 가위. 천 이외의 것은 자르지 않도록 주의
⑥ **시침핀** 2장 이상의 천을 고정시킬 때 사용하는 핀
⑦ **바늘** 손바느질용 바늘. 평소에 사용하는 바늘을 쓰는 것이 좋음.
⑧ **바늘꽂이** 바늘을 꽂아 두는 쿠션
⑨ **재봉틀 실** 재봉틀용 실. 천에 맞는 두께를 선택
⑩ **시침클립** 바늘구멍이 남는 천에 시침질을 할 때 사용
⑪ **룰렛** 패턴의 선을 다른 종이나 천에 베끼는 데 사용하는 기구
⑫ **초크펜** 선 등을 표시할 때 사용
⑬ **쪽가위** 실을 자르기 위한 가위
⑭ **송곳** 모서리를 정리하거나, 천을 앞으로 옮기는 작업에 사용
⑮ **다리미&받침대** 시접을 접거나 주름을 펼 때 사용

실물 패턴 사용법

실물 패턴 그리기

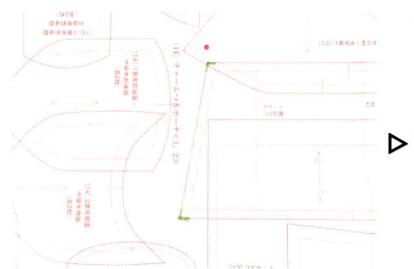 ▷ 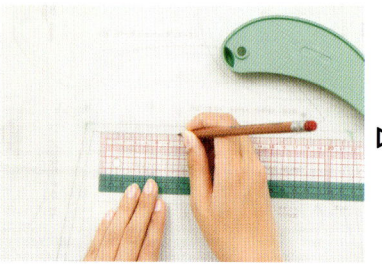 ▷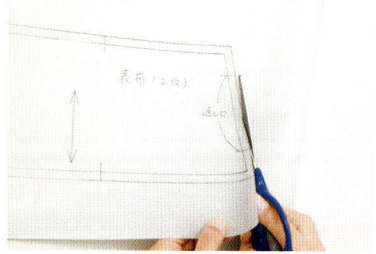

그리고 싶은 부분의 모서리에 지울 수 있는 마커로 표시한다.

패턴지나 트레이싱페이퍼 등을 실물 패턴 위에 겹쳐 놓고 선과 표시, 이름을 베낀다.

시접선을 따라 패턴을 잘라낸다.

천 자르기

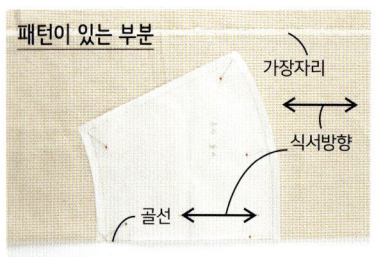 

패턴이 있는 부분 — 가장자리, 식서방향, 골선

천과 패턴의 식서방향을 맞추고, 가장자리와 평행이 되도록 놓는다. 어긋나지 않도록 시침핀으로 고정해서 자른다. 골선은 천이 접히는 부분에 맞춘다.

패턴이 없는 부분

정사각형 등 직선 모양으로만 만들어진 것은 실물 패턴이 없는 것도 있다. 이런 경우, 직접 천에 선을 그려서 재단한다.

Point — 무늬 맞추기 포인트

앞쪽 / 뒤쪽

체크나 스트라이프 등 무늬가 있는 천을 사용하는 경우는 중심에 같은 무늬가 오도록 하고, 옆에서 무늬가 연결되도록 맞춘다. 앞쪽과 뒤쪽의 중심에 같은 무늬가 오도록 놓고, 주머니의 전체 무늬도 어긋나지 않도록 정리한다.

표시하기

초크펜의 경우

패턴의 완성선에 송곳으로 구멍을 뚫고, 천을 위에 겹쳐서 초크펜으로 찍어 표시한다. 점과 점을 이어 완성선을 그린다.

복사지의 경우

안끼리 맞댄 천 사이에 복사지를 끼우고, 패턴 위에서 룰렛으로 눌러 준다. 룰렛은 날 끝이 물결 모양인 것을 사용한다.

◯ 천 맞추는 방법

만들기에 자주 등장하므로 기억해 두자.

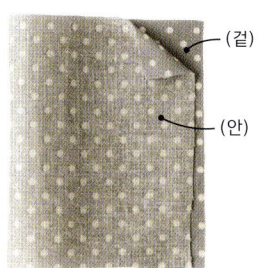

안 접기
천의 겉쪽끼리 마주 대고 접는다.

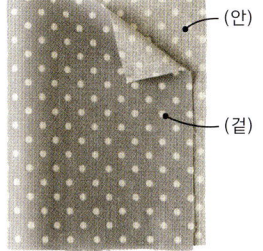

바깥 접기
천의 안쪽끼리 마주 대고 접는다.

◯ 시침핀 꽂는 순서

천이 잘 미끄러지지 않는 순서(①~⑤)로 시침핀을 꽂는다.

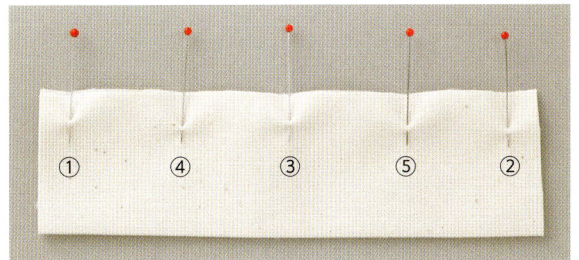

❶ 양 끝의 ①과 ②에 시침핀을 꽂는다.
❷ ①과 ②의 가운데(③)에 핀을 꽂는다. 패턴에 표시가 있는 경우는 그대로 꽂는다.
❸ ①과 ③, ③과 ② 사이에 시침핀 ④, ⑤를 꽂는다.

◯ 실과 바늘의 선택

사용하는 천에 맞춰서 재봉틀 실과 바늘을 선택한다.

천	실	바늘
보통 천 리넨, 시팅, 브로드, 캔버스 11호 등	60번	11호
두꺼운 천 캔버스 8호, 데님, 합피 등	30번	14호

◯ 시접의 방향

시접을 원하는 방향으로 접어 다림질을 하면, 완성 후 모습에 차이가 난다.

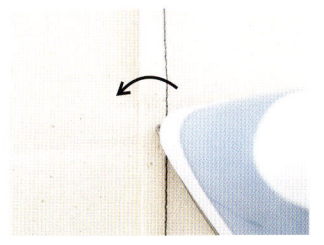

눕힌다
시접을 한쪽으로 모아서 눕히고 다림질한다.

가른다
시접을 벌려 좌우로 가른 다음 다림질한다.

◯ 시접 처리

천의 가장자리가 풀리지 않도록 마무리한다.

두 번 접어박기
천의 가장자리를 두 번 접어서 박는다. 가장자리가 안쪽으로 들어가서 보이지 않게 된다.

한 번 접어박기
천의 가장자리를 한 번 접어서 박는다. 가장자리가 보이기 때문에 지그재그 박기 등으로 끝처리한 후 박는다.

1 class
지퍼 달기

기본적인 패턴의 작은 파우치를 만들어 보자. 지퍼의 끝처리 방법에는 5가지가 있다.

{ 지퍼의 끝처리 방법 5가지 }
꽃무늬 패턴 파우치

만드는 방법 : A, B ▶ P. 58 | C, D ▶ P. 59 | E ▶ P. 60
지퍼 끝처리 방법 : P. 10

design & make / dekobo 공방 쿠보데 라요코

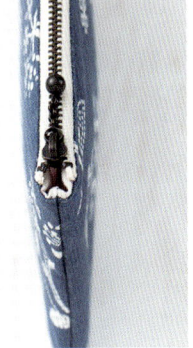 

A 삼각형접기
끝을 삼각형으로 접으면 옆이 안쪽으로 말려들어가지 않아서 모서리가 예쁘게 나온다. 접지 않고 박으면 테이프 끝이 옆쪽에 꿰매어져 모서리가 깔끔하지 않다.

B 직각접기
직각으로 접으면 지퍼 테이프가 옆 부분의 시접에 연결되지 않아서 양쪽 끝의 모서리가 깔끔하게 마무리된다.

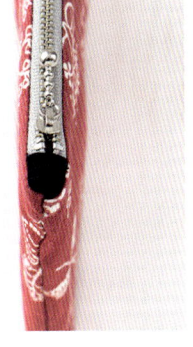 

C 끌어넣기
지퍼 테이프가 얇고 부드러운 플랫니트 지퍼의 끝처리 방법. 마무리는 A와 같은 모양이 된다.

D 천 덧대기
지퍼 테이프 끝을 다른 천으로 감싸는 방법. 색깔을 바꿔서 포인트를 주거나, 지퍼의 길이가 부족한 경우에 활용한다.

E 빼내기
지퍼 테이프 끝에 탭을 붙여서 열고 닫기에 편하도록 만드는 끝처리 방법. 와이어 프레임을 사용하는 경우에도 자주 활용한다.

지퍼 class

○ 지퍼의 종류

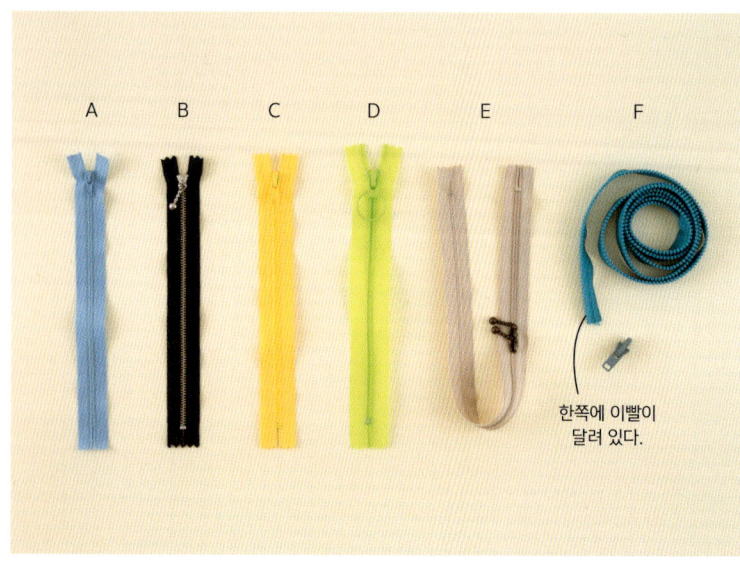

한쪽에 이빨이 달려 있다.

A 플랫니트 지퍼
이빨이 합성수지인 지퍼. 테이프가 니트 재질이고, 얇고 부드러운 것이 특징이다.

B 금속 지퍼
이빨이 금속으로 만들어진 지퍼. 슬라이더와 이빨의 색은 실버나 앤틱 골드 등이 있다.

C 비슬론 지퍼
수지 소재로 만든 이빨이 큰 지퍼. 수지로 만들어져서 같은 체인 폭의 금속 지퍼보다 가볍다.

D 코일 지퍼
나일론 테이프를 사용하여 투명한 느낌이 있는 지퍼. 이빨은 코일 상태의 수지로 만들어진다.

E 투웨이 지퍼
슬라이더 2개의 머리쪽이 서로 만나는 지퍼이다.

F 프리스타일 지퍼
1개의 리본 상태로 되어 있고, 이빨의 위아래, 겉과 안을 구분하지 않고 사용하는 지퍼. 슬라이더를 별도로 준비해서 사용한다.

○ 부분 명칭과 길이

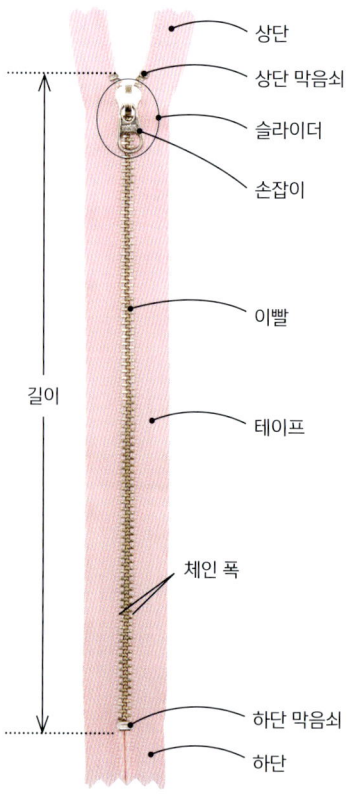

상단 / 상단 막음쇠 / 슬라이더 / 손잡이 / 이빨 / 테이프 / 체인 폭 / 하단 막음쇠 / 하단 / 길이

○ 손잡이

지퍼의 손잡이도 다양하다. 손잡이가 큰 것, 볼 체인이나 링이 달려 있는 것이 파우치를 열고 닫는 데 편리하다.

〚 주의할 점 〛

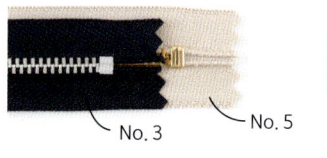

No. 3   No. 5

체인 폭

지퍼를 구입할 때 No. 3나 No. 5 등 체인 폭을 나타내는 숫자가 있는 경우가 있다. 체인 폭이 다르면 지퍼의 두께도 달라지므로, 옆면이 있는 모양을 만들 때에는 시접 폭을 조정할 필요가 있다.

공간이 부족함

붙이는 위치

지퍼를 부드럽게 여닫기 위해서는 슬라이더가 지나갈 수 있는 폭이 필요하다. 이빨의 양쪽에 여유를 주고 몸판에 붙인다.

※ 플랫니트 ®, 비스론 ®은 YKK 주식회사의 등록 상표입니다.

○ 프리스타일 지퍼 사용법

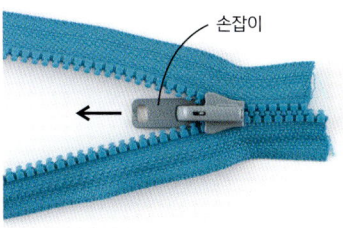

① 슬라이더의 머리 쪽부터 테이프에 끼워 넣는다.

② 다른 한쪽의 테이프를 슬라이더의 머리 쪽에 끼워 넣는다.

③ 손잡이를 당겨서 이빨을 맞물리게 한다.

○ 지퍼 길이 조절

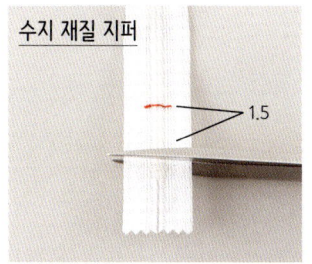
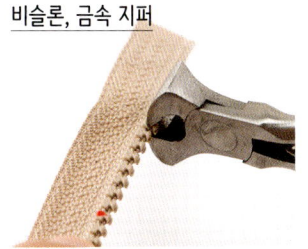
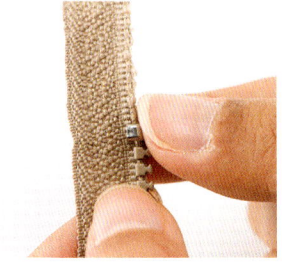
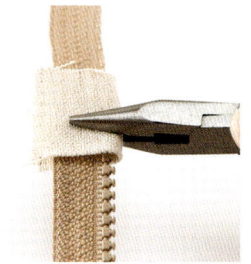

필요한 길이에서 좌우가 분리되지 않도록 바느질로 고정하고, 1.5cm 정도 여유를 두고 가위로 자른다.

① 니퍼로 상단 막음쇠를 벌려서 빼내고, 필요한 길이까지 이빨을 잘라서 빼낸다.

② 상단 막음쇠를 테이프에 끼운다. 이빨과 틈이 생기지 않도록 주의한다.

③ 펜치로 눌러 준다.
※ 비슬론의 경우, 상단 막음쇠를 다시 사용할 수 없기 때문에 새로운 것을 따로 준비한다.

○ 박음질 요령

한쪽이 비어 있어서 노루발이 이빨에 닿지 않아 박을 수 있다.

① 지퍼를 박을 때는 중간까지 연 상태로 박는다. 슬라이더에 닿으면 솔기가 구부러지므로, 슬라이더 앞에서 바늘이 내려간 상태로 재봉틀을 멈추고 노루발을 올려 준다.

② 손잡이를 잡고 슬라이더를 노루발의 안쪽으로 이동시킨다.

③ 슬라이더를 노루발이 닿지 않는 곳까지 옮기고, 노루발을 내려서 계속 박는다.

[꽃무늬 패턴 파우치] ▶ P. 6

지퍼 끝처리 방법 5가지

A 삼각형접기

Lesson ※ 재료, 완성 사이즈, 마름질은 P. 58 참조
※ 알아보기 쉽도록 눈에 띄는 색의 실을 사용했다.

1 끝부분을 마무리한다.

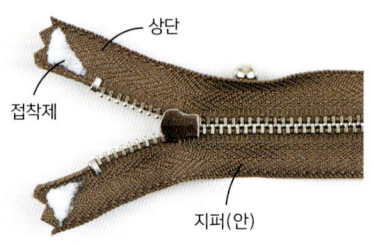

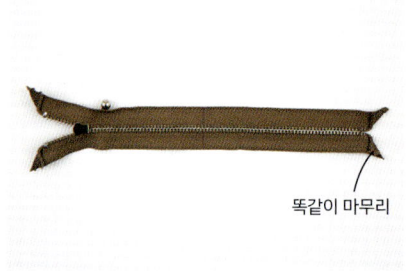

① 지퍼의 안쪽 상단에 삼각형으로 접착제를 바른다.

② 상단을 접어서 접착제가 마를 때까지 클립으로 고정한다.

③ 하단도 접착제를 발라서 접는다.

2 겉감에 지퍼를 시침질한다.

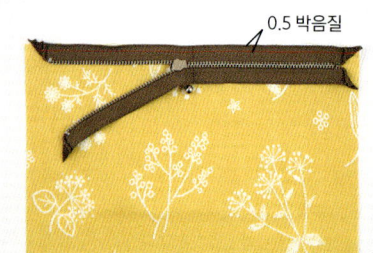

① 지퍼와 겉감의 중심을 맞춘다.

② 지퍼와 겉감을 같이 시침질한다.

지퍼달기 포인트 *Point*
슬라이더를 움직이면서 박는다.

① 슬라이더의 손잡이가 앞에서 재봉틀을 멈춘다.

② 바늘을 내린 상태로 노루발을 올린다.

③ 손잡이를 잡고 슬라이드를 노루발보다 더 안쪽으로 이동시킨다.

④ 노루발을 내리고 이어서 박는다.

3 안감을 붙인다.

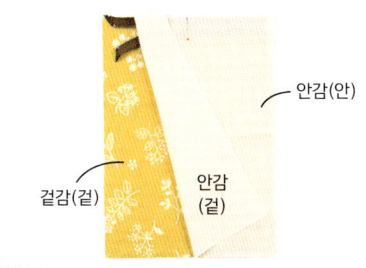 

① 겉감과 안감을 겉끼리 닿도록 놓고, 중심을 맞추어 시침핀을 꽂는다.

② 겉감, 지퍼, 안감을 같이 박는다.

※ 지퍼를 시침할 때와 마찬가지로 슬라이더가 노루발에 닿지 않도록 박는다. 안감을 젖히고 슬라이더를 안쪽으로 이동시킨다.

③ 시접을 겉감 쪽으로 눕힌다.

④ 겉감 쪽의 주머니 입구를 박는다.

4 지퍼의 반대쪽을 박는다.

 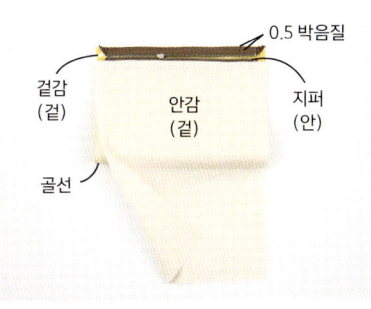  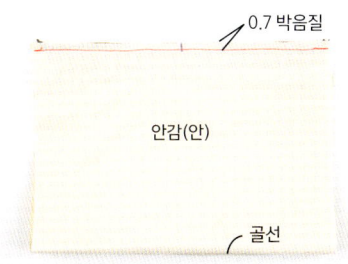

① 겉감을 겉끼리 닿도록 맞춰서 접고, 지퍼와 겉감의 끝을 맞춰서 시침질한다.

② 안감을 겉끼리 닿도록 접고, 지퍼에 안감의 끝을 맞춰서 박음질한다.

지퍼의 끝처리 방법 5가지

③ 옆쪽에서 겉으로 뒤집는다.

④ ②에서 박은 시접을 겉감 쪽으로 눕히고 박음질한다.

※박음질은 상단 쪽에서 ③-④와 같이 겉감 쪽만 넣는다.

5 옆을 박는다.

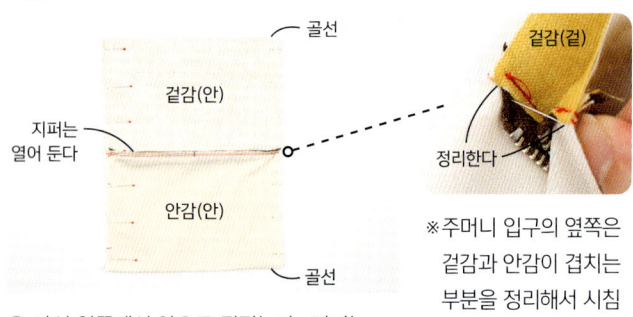

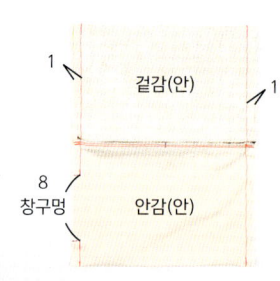

① 다시 옆쪽에서 안으로 뒤집는다. 지퍼는 열어 놓고 겉감, 안감이 겉끼리 닿도록 맞춰서 시침핀을 꽂는다.

※주머니 입구의 옆쪽은 겉감과 안감이 겹치는 부분을 정리해서 시침핀을 꽂는다.

② 안감 옆에 창구멍을 남기고 양 옆을 박는다.

6 뒤집는다.

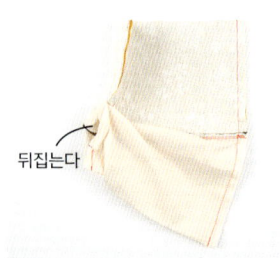

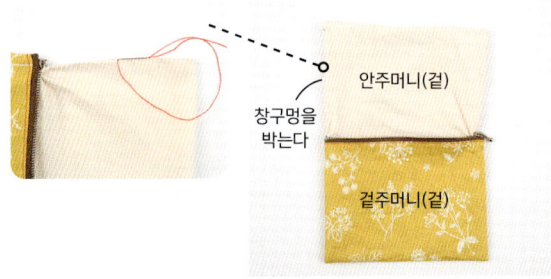

\\ 완성! //

① 창구멍으로 겉으로 뒤집는다.

② 시접을 안쪽으로 접고, 창구멍을 공그르기로 막는다(P. 57 참조). 안주머니를 겉주머니의 안쪽으로 넣어 준다.

B 직각접기

Lesson ※재료, 완성 사이즈, 마름질, 만드는 방법은 P. 58 참조

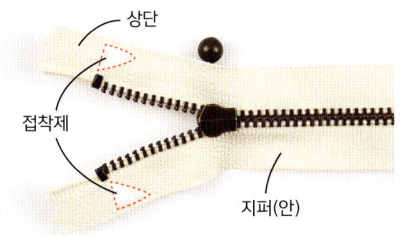

① 상단막음쇠의 옆에 사진처럼 삼각형으로 접착제를 바른다.

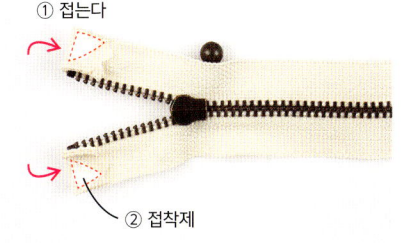

② 상단막음쇠의 위치에서 상단을 접는다. 접은 부분에 다시 삼각형으로 접착제를 바른다.

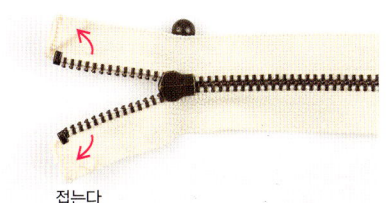

③ 상단의 끝을 뒤로 접는다. 이때 직각으로 접는다. 하단도 마찬가지로 처리한다.

C 끌어넣기

Lesson ※재료, 완성 사이즈, 마름질, 만드는 방법은 P. 59 참조

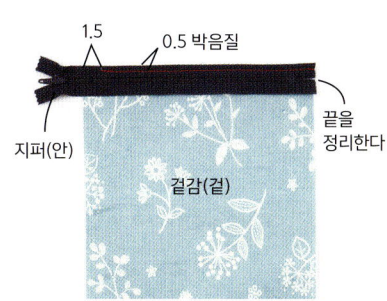

① 겉감과 지퍼를 겉끼리 닿도록 맞추고, 하단의 끝과 시접 끝을 정리한다. 상단막음쇠 쪽 끝을 1.5cm 남기고 시침질한다.

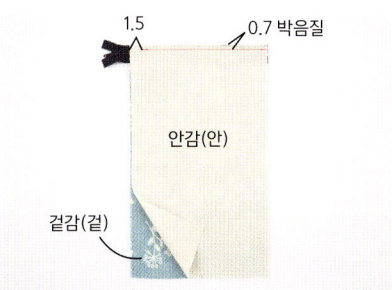

② 겉감과 안감을 겉끼리 닿도록 맞추고, 상단막음쇠 쪽 끝을 1.5cm 남기고 박는다.

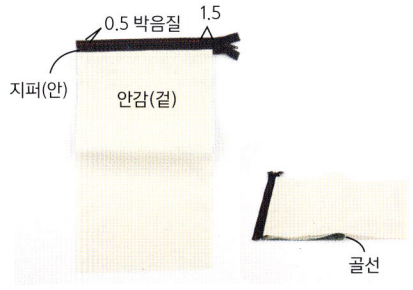

③ 겉감을 겉끼리 닿도록 맞춰 접고, 지퍼와 겉감의 끝을 겉끼리 맞춰서 시침질한다. 상단막음쇠 쪽 끝을 1.5cm 남기고 박는다.

④ 안감을 겉끼리 닿도록 맞춰서 접고, 지퍼에 안감의 끝을 맞춰서 박는다. 상단막음쇠 쪽 끝을 1.5cm 남기고 박는다.

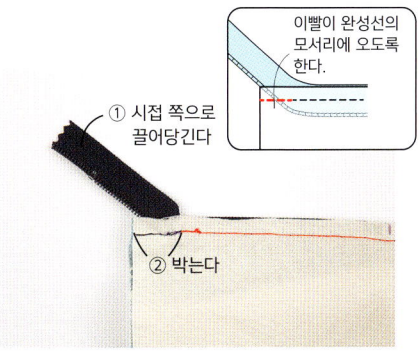

⑤ 지퍼를 열고, 이빨이 옆의 완성선에 걸리지 않도록 시접 쪽으로 끌어당기고, 남은 부분을 박는다. 반대도 마찬가지로 박는다.

⑥ 남아 있는 지퍼는 옆을 박은 후에 자른다.

지퍼의 끝처리 방법 5가지

D 천 덧대기

Lesson ※재료, 완성 사이즈, 마름질, 만드는 방법은 P. 59 참조

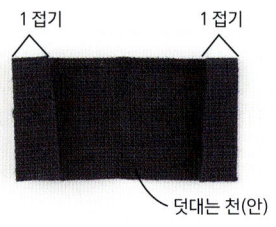
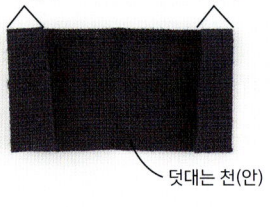

① 덧대는 천의 끝쪽에 시접을 1cm 접는다.

② 천을 반으로 접는다.

③ 지퍼의 상단 막음쇠 쪽은 좌우가 떨어지지 않도록 손바느질로 몇 번 꿰매어 고정한다.

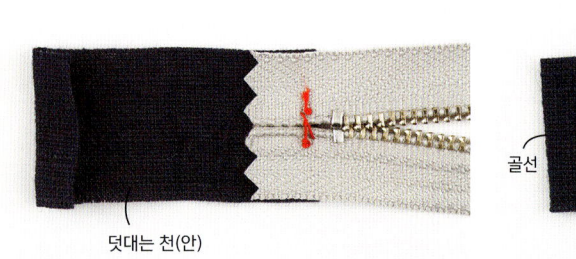

④ 지퍼의 끝을 천 사이에 끼우고 시침핀을 꽂는다.

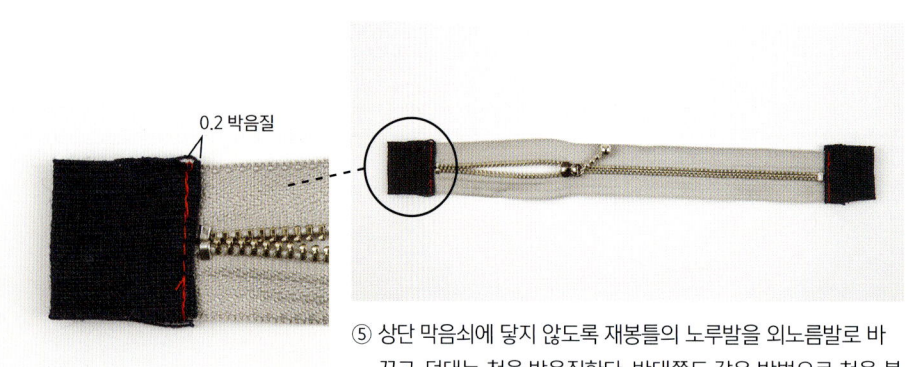

⑤ 상단 막음쇠에 닿지 않도록 재봉틀의 노루발을 외노름발로 바꾸고, 덧대는 천을 박음질한다. 반대쪽도 같은 방법으로 천을 붙여 준다.

E 빼내기

Lesson ※재료, 완성 사이즈, 마름질, 만드는 방법은 P. 60 참조

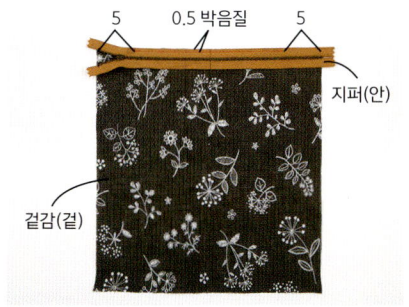

① 지퍼와 겉감의 중심을 맞추고, 겉끼리 닿도록 맞춘다. 양 옆을 5cm 남기고 시침질한다.

② 지퍼 양쪽은 클립으로 고정한다. 겉감과 안감을 겉끼리 닿도록 맞춘다.

③ 지퍼를 내린 채 박음질한다.

※지퍼 양쪽을 내린 상태로 박았기 때문에 끝쪽에 있는 지퍼는 아래로 빠져나온다.

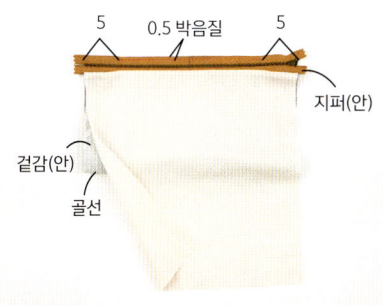

④ 겉감을 겉끼리 닿도록 맞춰서 접고, 지퍼와 겉감의 끝을 겉끼리 닿도록 맞춘다. 양옆을 5cm 남기고 시침질한다.

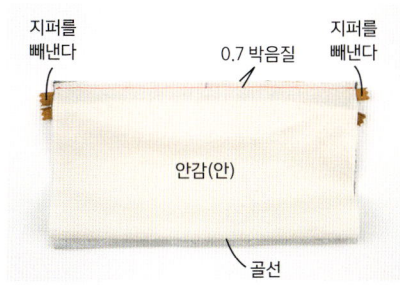

⑤ ②와 마찬가지로 지퍼를 내려 준다. 안감을 겉끼리 닿도록 맞추어 접고, 지퍼에 안감의 끝을 맞춰서 박는다.

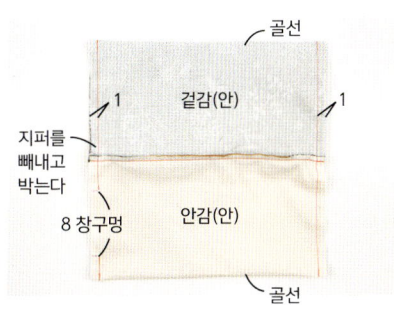

⑥ 시접을 겉감 쪽으로 눕히고 겉감, 안감을 각각 겉끼리 닿도록 하여 옆을 박는다. 양 옆의 지퍼 끝을 꿰매지 않도록 주의한다.

⑦ 지퍼가 빠져나온 모양으로 완성된다.

Point

지퍼 끝처리가 필요 없는
캐러멜 파우치

캐러멜 포장지 같은 모양의 파우치.
지퍼 끝처리는 신경쓰지 말고 바로 달아 주면 OK!
만드는 방법 ▶ P. 61

design & make / sewsew 신구 마리

Point

{ 옆면에 지퍼를 단다 }
통통 파우치

지퍼를 옆면의 겉감과 안감 사이에 끼워서 달아 준다.
옆면과 몸판을 맞춰서 박으면 통통하고 귀여운 파우치 완성!
만드는 방법 ▶ P. 62

design & make / mini-poche 요네다 아리

{ 지퍼를 구부리면서 달아 준다 }
쉘 파우치

몸판에 맞춰 지퍼를 구부리면서 박음질한다.
테이프가 부드럽고 길이 조절도 간단한 플랫니트 지퍼가 좋다.
만드는 방법 ▶ P. 63

design & make / komihinata 스기노 미오코

1 class

지퍼 달기

Point

{ 옆면 폭과 지퍼 폭이 같은 }
동전 파우치

지퍼와 옆면의 폭이 같다.
커브가 빡빡하므로 시침질 후 잘 맞추어 바느질한다.
만드는 방법 ▶ P. 66

design & make / mini-poche 요네다 아리

{ 프리스타일 지퍼를 사용한 }
안경 파우치

한 개의 리본으로 되어 있어 이빨의 위아래나 겉과 안을 신경쓰지 않고
사용할 수 있는 프리스타일 지퍼를 쓴다. 지퍼를 몸판에 둘러 박기만 하면 OK!
테이프의 끝을 맞춰서 슬라이더를 통과시킨다.

만드는 방법 ▶ P. 64

design & make sewsew / 신구 마리

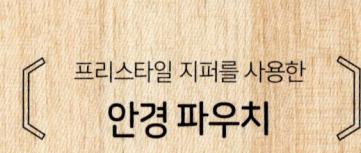

A

Point

B

Point

1 class

지퍼 달기

지퍼를 열면 넓게 펼쳐져
작은 물건을 놓아두고
사용할 수 있다.
여행갈 때 활용하기 좋은
파우치이다.

몸판의 손잡이는 분리할
수 있도록 스냅단추를
달았다. 가방에 걸어
편리하게 사용할 수 있다.

2 class
접착심 붙이기

완성 후 느낌을 결정짓는 접착심!
만들고 싶은 이미지에 맞춰서 선택한다.

A
접착심 없음

B
접착심 있음

C
접착퀼트심 있음

{ 접착심의 차이를 안다 }
사각 파우치

접착심이 없는 것은 편안한 느낌, 접착심이 있는 것은 빳빳하고 튼튼한 느낌이다.
접착퀼트심을 붙이면 통통한 모양으로 완성할 수 있다.

만드는 방법 ▶ P. 67

design & make / dekobo 공방 쿠보데 라요코

접착심 class

○ 접착심이란?

접착심은 천에 힘이 생기게 하여 파우치의 모양을 잡아 주기 위해 천의 안쪽에 붙이는 심지이다. 천에 붙여 주고 다리미의 열로 접착시킨다. 천의 종류나 두께에 따라서도 붙인 후의 느낌이 달라지므로, 만들고 싶은 파우치의 이미지에 맞고 어울리는 접착심을 골라야 한다.

○ 파우치에 맞는 접착심의 종류

직물 타입
면이나 마로 짜서 만든다. 올이 있으므로 붙이고 싶은 천에 잘 맞춰서 붙인다. 천에 잘 붙어서 부드러운 느낌으로 완성된다.

부직포 타입
섬유를 여러 방향으로 연결해서 만든다. 대부분 어느 방향으로 재단해도 좋다. 바삭한 느낌으로 완성된다.

접착퀼트지
면을 얇게 편 것으로 풀이 묻어 있다. 살짝 두꺼운 느낌으로 완성된다. 단면 접착과 양면 접착 타입이 있는데, 여기에서는 단면 접착 타입을 사용한다.

Recommend
〔 있으면 편리한 도구 〕

다리미 클리너
접착심을 몇 번 붙이면 다리미에 풀이 남아 있는 경우가 있다. 그대로 다리미를 사용하면 천을 더럽히게 되므로, 다리미의 면을 클리너로 청소하는 것이 좋다.

○ 접착심 붙이는 방법

기본

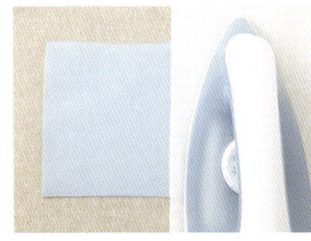

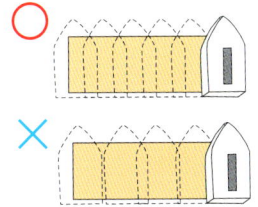

붙이고 싶은 천 위에 접착심의 접착면을 겹쳐 준다. 접착심과 천 사이에 실밥 등이 들어가지 않도록 주의. 적당한 천 또는 종이를 덧대고 다리미로 눌러 준다. 접착심이 밀리지 않도록 다리미는 비비지 말고 누르면서 붙인다.

빈틈이 생기지 않도록 다리미를 조금씩 움직이며 다음 곳을 눌러 준다. 틈이 생기면 그 부분만 접착심이 붙지 않기 때문에 겉에서 봤을 때의 느낌도 달라진다.

모든 면에 붙일 때

붙이려는 부분보다 조금 더 크게 천을 자른다. 접착심은 천보다 0.2cm 정도 작게 잘라 붙인다. 접착심이 잘 붙었으면 천을 자른다.

일부분을 붙일 때

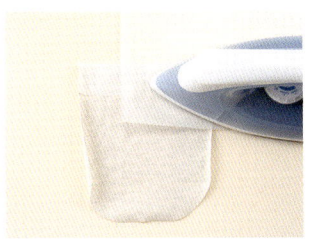

접착심을 붙일 부분의 패턴을 만들어 두고, 붙이고 싶은 사이즈로 자른다. 자른 천에 접착심을 겹쳐 붙인다.

3 class
안감 넣기

파우치 모양을 잡아 주고 오염도 막아 주는 안감!
나에게 쉬운 바느질 방법을 선택한다.

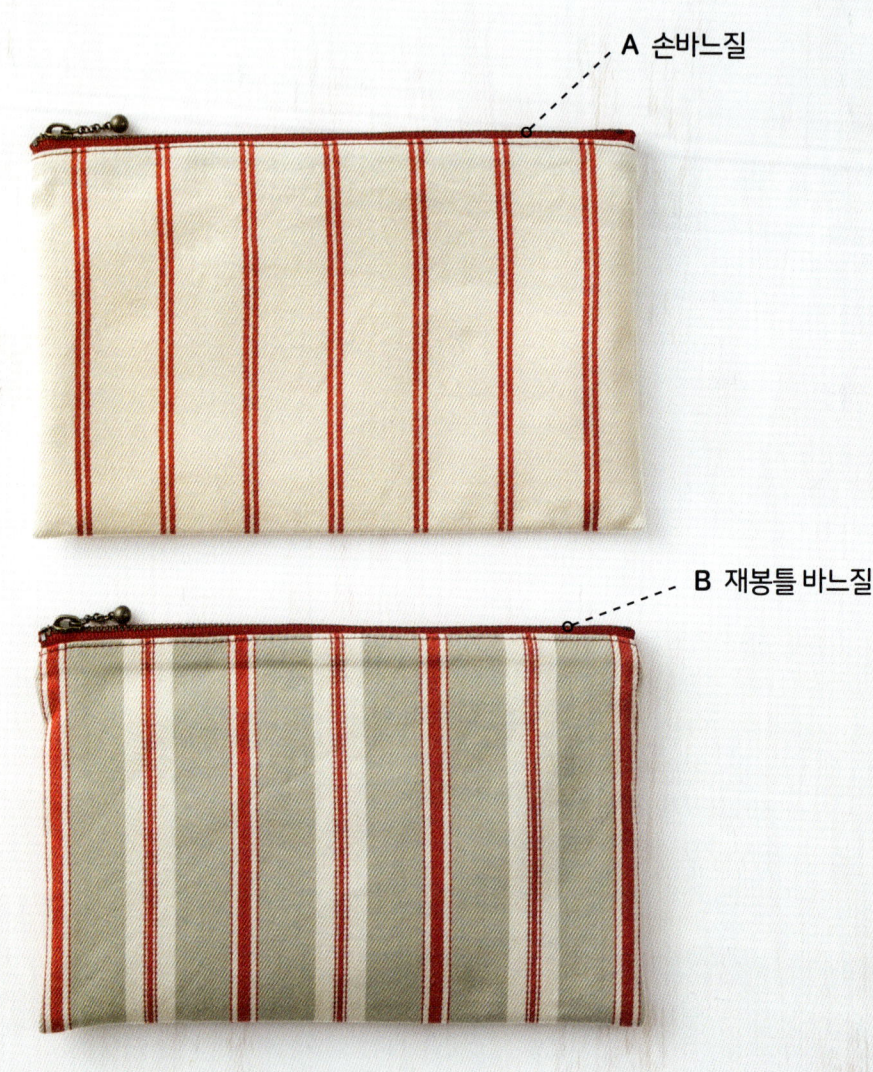

A 손바느질

B 재봉틀 바느질

{ 안감 넣는 방법이 다른 }
지퍼 파우치

똑같은 모양으로 보이지만, 안감을 넣는 방법이 다른 두 개의 파우치이다.
위의 파우치는 안감을 손바느질로, 아래 파우치는 안감을 재봉틀로 박았다.

만드는 방법 : A ▶ P. 68 | B ▶ P. 69

design & make / dekobo 공방 쿠보데 라요코

안감 class

3 class
안감 넣기

○ 기본 파우치 안감 넣기

A 손바느질로 붙이기

겉주머니와 안주머니를 각각 미리 만들어 놓고, 마지막에 손바느질로 두 개의 주머니를 붙여 준다. 재봉틀 박음질보다 시간이 좀 더 걸리지만, 어떤 파우치에나 손쉽게 사용할 수 있다. 파우치 만들기 초보자라면 이 방법이 좋다.

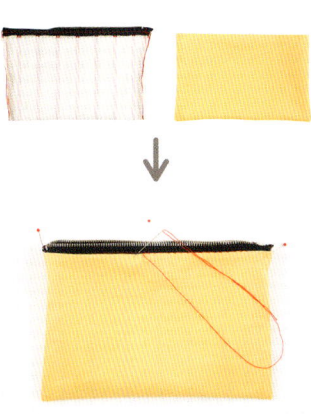

B 재봉틀 박음질로 붙이기

겉감과 안감에 지퍼를 끼워서 재봉틀로 박는다. 재봉틀로 박기 때문에 짧은 시간에 붙일 수 있다. 지퍼 달기를 익히면 깔끔하게 완성할 수 있다 (바느질법은 P. 10~12 참조).

○ 추천하는 안감

파우치의 안감은 겉감보다 얇은 것을 선택한다. 겉감보다 두꺼운 천을 사용하면 안감의 모서리가 밖으로 드러나게 된다. 만약 안감이 더 두꺼우면 겉감에 접착심을 붙여서 보강한다.

얇은 천~보통의 면
론, 브로드, 시팅 등은 구하기 쉽고 컬러도 풍부하다.

나일론, 폴리에스테르
나일론 타프타, 폴리에스테르 타프타 등의 화학섬유는 강도가 있고 오염에도 강하다.

{ 패턴은 하나, 안감 넣는 방법은 2가지 }

직사각 파우치

같은 패턴으로 만든 두 개의 파우치.
왼쪽의 파우치는 천의 가장자리나 천 사이의 솔기선에 다른 천을 끼워 넣어
장식하는 파이핑을 했고, 오른쪽 파우치는 뒤집어서 안감을 넣었다.

만드는 방법 : A ▶ P. 70 | B ▶ P. 71

design & make / 패턴 디자인 오카다 케이코

A 파이핑

B 뒤집어 넣기

A

옆면과 몸판에 각각 안감을 붙인 후 시접을 바이어스천으로 파이핑하는 방법. 옆면이 있는 파우치 만들기에 도전하려면 우선 이 방법으로 만들어 보자.

B

솔기가 안쪽에 들어가 깔끔하게 완성된다. 옆면과 몸판을 맞춰서 박을 때 샌드위치처럼 박아야 해서 요령이 필요하다. 박는 순서를 확인하고 도전해 보자.

[직사각 파우치] ▶ P. 26

파우치 안감 넣기

A 파이핑으로 안감 넣기

Lesson ※ 재료, 완성 사이즈, 마름질, 만드는 방법은 P. 70 참조
※ 알아보기 쉽도록 작품과 천을 바꾸고, 눈에 띄는 실을 사용했다.

1 지퍼가 달리는 옆면을 만든다.

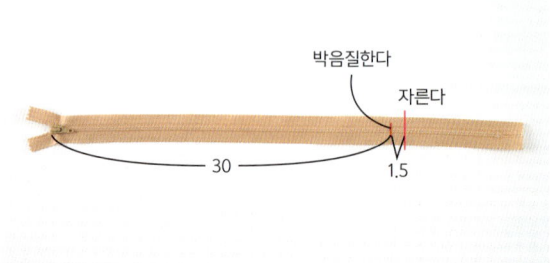

① 필요한 길이의 지퍼를 준비한다.

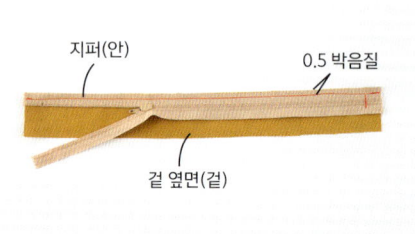

② 옆면이 될 부분과 지퍼를 겉끼리 닿도록 맞춰 놓고 시침질한다.

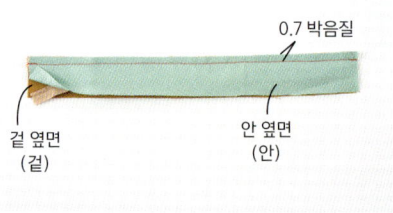

③ 겉 옆면과 안 옆면을 겉끼리 닿도록 맞춰서 박는다.

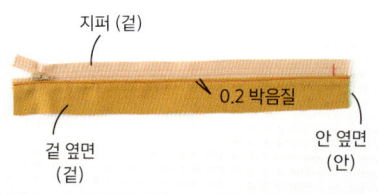

④ 지퍼가 보이도록 옆면을 겉으로 뒤집고, 박음질한다.

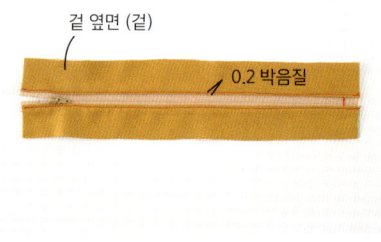

⑤ 반대쪽도 똑같은 방법으로 지퍼를 붙인다.

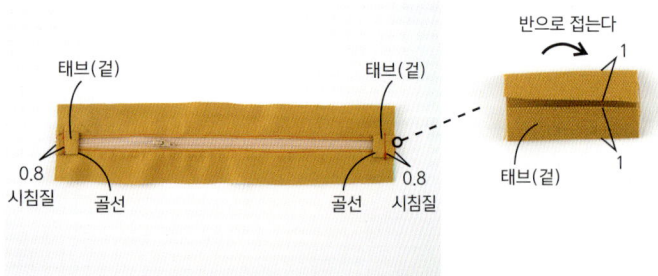

⑥ 태브의 양쪽의 시접을 접고, 다시 반으로 접은 것을 2개 준비한다. 지퍼의 양끝에 태브를 시침질한다.

2 바닥면을 붙인다.

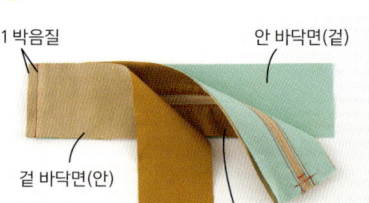

① 겉 옆면과 겉 바닥면, 안 옆면과 안 바닥면을 각각 겉끼리 닿도록 맞추어 옆을 박는다.

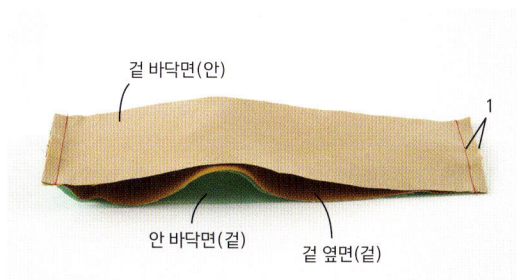

② 반대쪽의 옆 부분도 똑같이 박음질한다.

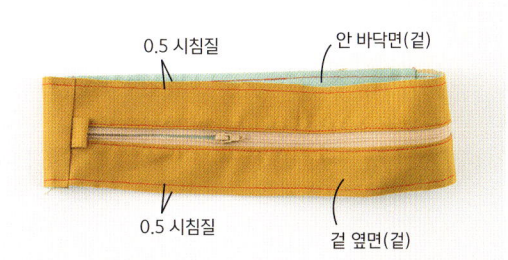

③ 겉으로 뒤집어서 모양을 정리한다. 옆면과 바닥면의 가장자리를 시침질한다.

3 몸판과 옆면을 맞춰서 박는다.

① 겉 몸판과 안 몸판을 안끼리 닿도록 겹쳐 놓고 가장자리를 시침질한다. 같은 것을 한 장 더 만든다.

② 겉 몸판과 겉 바닥면을 겉끼리 닿도록 맞추고, 표시에 맞춰서 시침핀을 꽂는다.

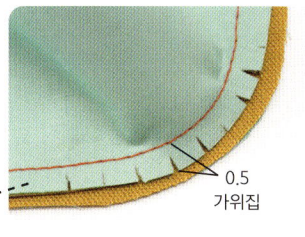

※ 몸판의 커브가 있는 곳에는 바닥면의 시접 부분에 가위집을 넣는다.

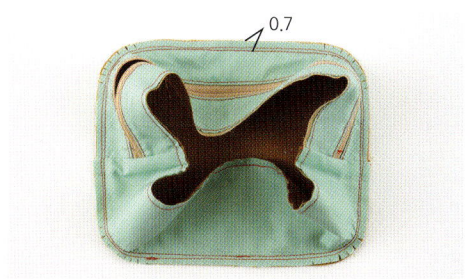

③ 몸판과 옆면을 맞춰서 박는다.

④ 반대쪽도 똑같이 맞춰서 박는다. 박기 전에 지퍼는 열어 둔다.

파우치 안감 넣기

4 시접을 처리한다.

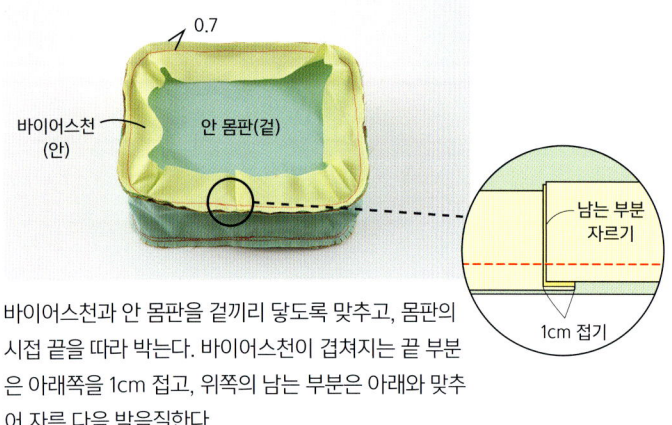

바이어스천과 안 몸판을 겉끼리 닿도록 맞추고, 몸판의 시접 끝을 따라 박는다. 바이어스천이 겹쳐지는 끝 부분은 아래쪽을 1cm 접고, 위쪽의 남는 부분은 아래와 맞추어 자른 다음 박음질한다.

※ 박음질할 때는 옆면 쪽을 위로 하고 ③-③, ④의 솔기에 겹쳐서 한꺼번에 박으면 바이어스천을 뒤집었을 때 솔기가 겉에서 보이지 않는다.

5 시접을 처리한다.

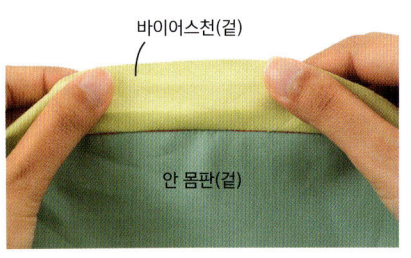

① 바이어스천을 세운다.

② 바이어스천을 반으로 접는다.

③ 바이어스천을 한 번 더 접어서 안쪽으로 시접을 숨기듯이 덮어씌운다.

④ 접은선 쪽을 박음질한다.

⑤ 반대쪽의 시접도 똑같이 바이어스천으로 처리한다.

\\ 완성! //

B 뒤집어서 안감 넣기

Lesson ※재료, 완성 사이즈, 마름질, 만드는 방법은 P. 71 참조

1 옆면을 만든다(P. 28~29 ① ② 참조).

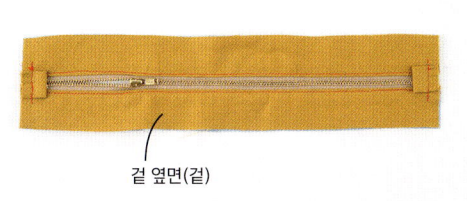
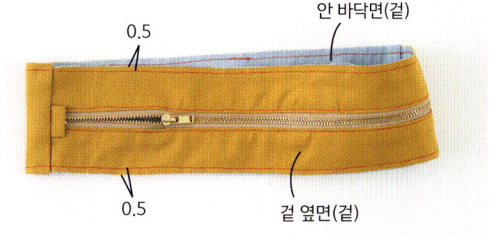

① 옆면을 만들고, 태브를 붙인다.

② 옆면과 바닥면을 맞춰서 박는다.

2 앞쪽 몸판과 옆면을 맞춰서 박는다.

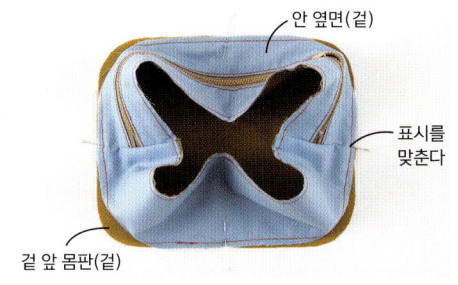
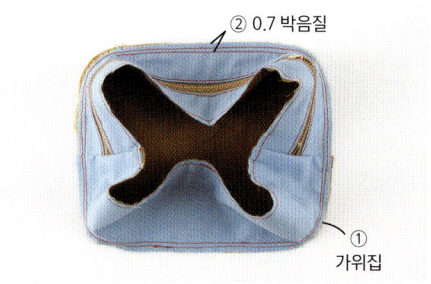

① 겉쪽 앞 몸판과 겉 바닥면을 겉끼리 닿도록 맞추고, 표시를 맞춰서 시침핀을 꽂는다.

② 몸판의 커브에 맞춰지는 곳은 옆면의 시접에 가위집을 넣어서 박는다.

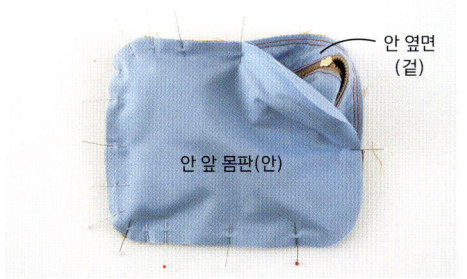

③ ②의 위에 안쪽 앞 몸판을 겹친다.

④ 옆면은 양쪽에 접어 넣고, 완성선에 주름이 생기지 않도록 주의해서 시침핀을 꽂는다.

파우치 안감 넣기

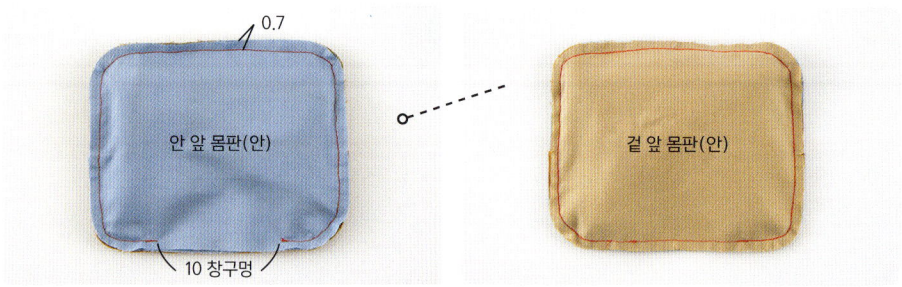

⑤ 옆면 쪽으로 창구멍을 남기고 박는다.

※ 옆면이 안쪽에 들어가 있으므로, 안으로 뒤집으면 겉 몸판만 보이게 된다.

⑥ 창구멍으로 겉으로 뒤집는다.

⑦ 앞 몸판과 바닥면을 맞춰서 박는다. 지퍼는 열어 놓는다.

3 뒤 몸판과 바닥을 맞춰서 박는다.

① 겉 바닥면과 겉 뒤 몸판을 겉으로 닿도록 맞춘다. 몸판의 커브 부분에는 옆면의 시접에 가위집을 넣어서 박는다.

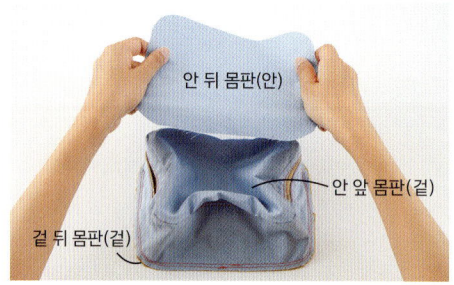

② 겉 뒤 몸판이 아래쪽에 오도록 뒤집어 놓고, 안 뒤 몸판을 겹쳐 놓는다.

3 class 안감 넣기

③ 바닥과 안 앞 몸판을 안쪽으로 접어 넣고, 완성선에 주름이 생기지 않도록 주의하며 시침핀을 꽂는다.

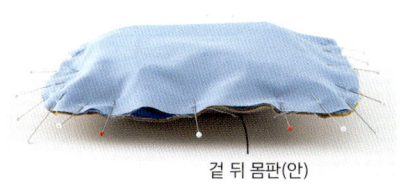

겉 뒤 몸판(안)

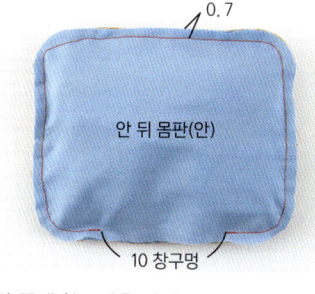

④ 바닥 쪽에 창구멍을 남기고 박는다.

⑤ 창구멍으로 겉으로 뒤집는다.

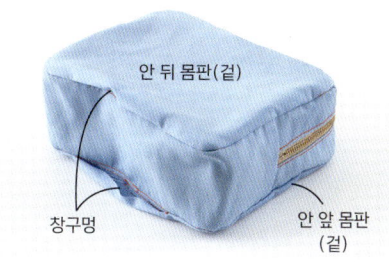

⑥ 모양을 정리한다.

 4 창구멍을 막는다.

 완성!

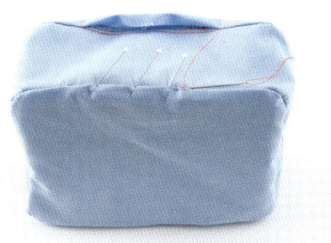

창구멍 두 곳을 공그르기로 막는다(P. 57 참조).

4 class
천 고르기

파우치는 여러가지 천으로 만드는 즐거움을 느낄 수 있는 아이템이다.
다양한 천과 그에 맞는 바느질 방법을 알아보자.

캔버스

{ 한 장으로 만든다 }
캔버스 파우치

캔버스는 튼튼하기 때문에 안감을 넣지 않아도 깔끔하게 완성된다.
다림질로 접착하는 별들을 붙여 개성 있게 연출해 보자.
만드는 방법 ▶ P. 72

design & make / 패턴 디자인 오카다 케이코

타이벡

비닐

{ 시접은 자르기만 하면 OK! }

타이벡 파우치 | 비닐 파우치

가벼워서 좋은 타이벡과 물에도 강한 비닐 소재의 파우치.
쓰임새의 특성에 맞게 천을 바꿔 보자.

만드는 방법 ▶ P. 73-74

design & make / 패턴 디자인 오카다 케이코

라미네이트

{ 두 개가 하나로 결합된 }
칸막이 파우치

라미네이트 가공을 한 천은 물과 오염에 강한 소재다.
두 개의 파우치가 연결된 것 같은 신기한 구조의 파우치다.
만드는 방법 ▶ P. 76

design & make / 패턴 디자인 오카다 케이코

4 class

천 고르기

라미네이트 & 나일론

{ 오염에 강한 2가지 천으로 만든 }
화장품 파우치

겉감에 라미네이트, 안감에 나일론을 사용하여 오염에 강하다.
파우치 입구를 확 열어도 물건이 떨어지지 않도록 옆에 스토퍼를 붙인다.
만드는 방법 ▶ P. 78

design & make / mini-poche 요네다 아리

천 class

○ 천의 종류

캔버스
두꺼운 실로 촘촘하게 짠 튼튼한 천으로, 면과 마 소재로 되어 있다. 호수가 작을수록 두꺼운 천이다. 사진은 8호 천이다.

타이벡
종이 같은 질감이지만 잘 찢어지지 않고 매우 가볍다. 방진복이나 농업용으로도 사용한다. 끝처리를 하지 않아도 OK.

비닐
투명해서 내용물을 볼 수 있는 파우치를 만들 수 있다. 물에 강하고, 단 처리도 필요 없다.

라미네이트
표면을 라미네이트 가공한 천으로 방수성이 뛰어나다. 잘라내도 끝이 잘 풀리지 않는다.

나일론
가볍고 튼튼하며 오염에 강한 것이 특징. 발수가공을 한 것도 있다. 나일론 옥스나 나일론 타프타 등은 안감으로도 좋다.

○ 천의 성질

천	다림질	새로꿰매기	미끄러짐	발수성
캔버스	○	○	○	✕ ※발수가공 ○
타이벡	✕	✕	○	○
비닐	✕	✕	✕	○
라미네이트	✕	✕	✕ ※매트한 타입 △	○
나일론	○	○	○	✕ ※발수가공 ○

※타이벡은 미국 뒤폰사의 상표 혹은 등록상표입니다.

Memo

다림질을 할 수 없는 천

손톱으로 눌러도 괜찮지만, 코로코로 오프너를 사용하면 힘들지 않게 예쁜 주름을 잡을 수 있다.

○ 바느질 요령

알맞은 바늘과 실을 쓴다 캔버스 라미네이트 나일론

8호 이상 두께의 천이나 두꺼운 라미네이트를 사용하는 경우에는 14호 바늘과 30번 실을, 얇은 나일론을 사용하는 경우는 바느질을 하면 바늘구멍이 보이기 때문에 9호 바늘과 90번 실을 사용한다.

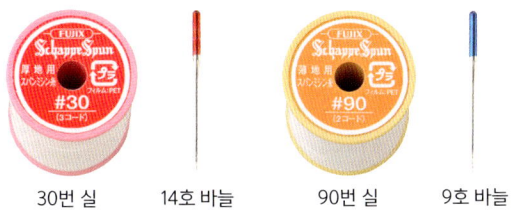

30번 실   14호 바늘   90번 실   9호 바늘

시침핀을 쓰지 않는다 캔버스 타이벡 비닐 라미네이트 나일론

타이벡, 비닐, 라미네이트 등 바늘구멍이 남는 천, 캔버스 등 두꺼워서 시침핀을 꽂기 힘든 천, 얇은 나일론 등 시침핀이 빠지기 쉬운 천은 클립을 사용해서 고정한다.

시침클립

잘 미끄러지게 한다 비닐 라미네이트

비닐이나 라미네이트는 표면이 재봉틀 본체나 노루발에 붙어서 솔기가 막혀버리는 일이 있다. 잘 미끄러지도록 노루발을 테플론 노루발로 바꾸고, 바늘과 천 표면에 실리콘제를 발라두면 더욱 미끄러짐이 좋아진다.

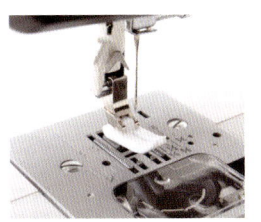
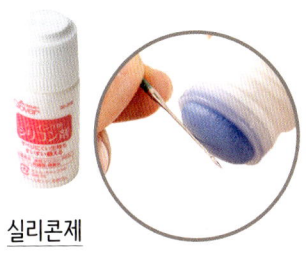

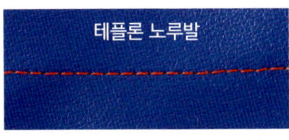

테플론 노루발   실리콘제

테플론 노루발
보통의 노루발

[표면을 아래로 해서 박을 때]

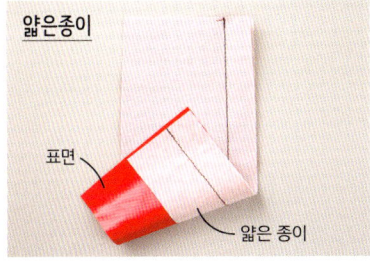

얇은종이

표면
얇은 종이

천은 안면보다 겉면이 더 잘 달라붙기 때문에 겉면을 아래로 해서 박을 때에는 하트론지나 트레이싱페이퍼 등의 얇은 종이를 천 아래에 깔면 미끄러짐이 좋아진다.

실 장력을 조정한다 나일론

얇은 나일론은 솔기가 쉽게 엉키므로, 천을 조금 잘라서 시험해 보고 실을 조정한다. 솔기가 끌려오면 실의 장력을 조금 약하게 조정한다.

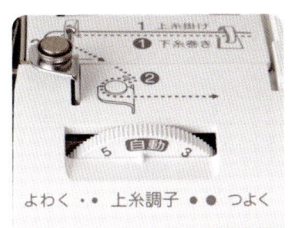
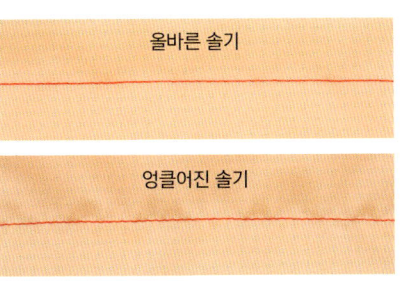

올바른 솔기

엉클어진 솔기

5 class
프레임 달기

프레임이나 바네 등을 사용하면 다양한 파우치를 만들 수 있다.

{ 사각 프레임부터 도전! }
프레임 파우치

초보자는 사각 프레임 달기부터 도전해 보자.
모서리를 기준으로 붙이기 때문에 초보자도 균형을 잡기 쉽다.
만드는 방법 ▶ P. 75

design & make / mini-poche 요네다 아리

프레임 class

○ 프레임의 종류와 부분 명칭

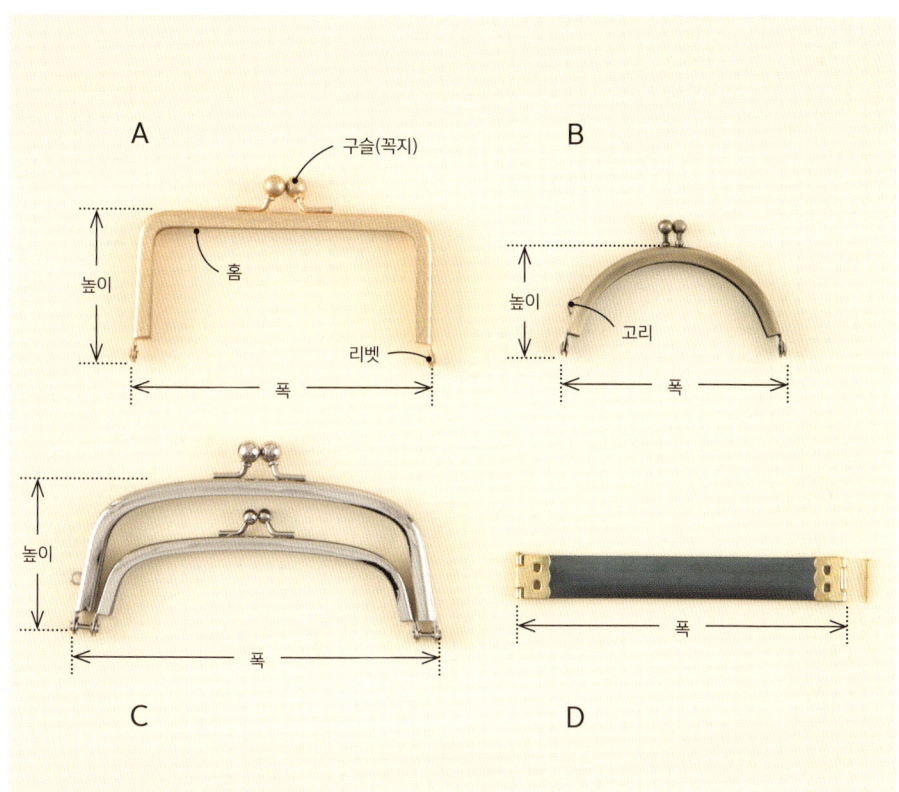

A : 사각형 금속 프레임
B : 원형 금속 프레임
C : 2중 프레임
D : 바네

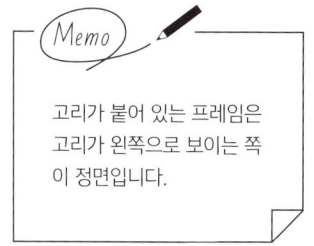

고리가 붙어 있는 프레임은 고리가 왼쪽으로 보이는 쪽이 정면입니다.

○ 프레임 파우치 만들기에 필요한 용구

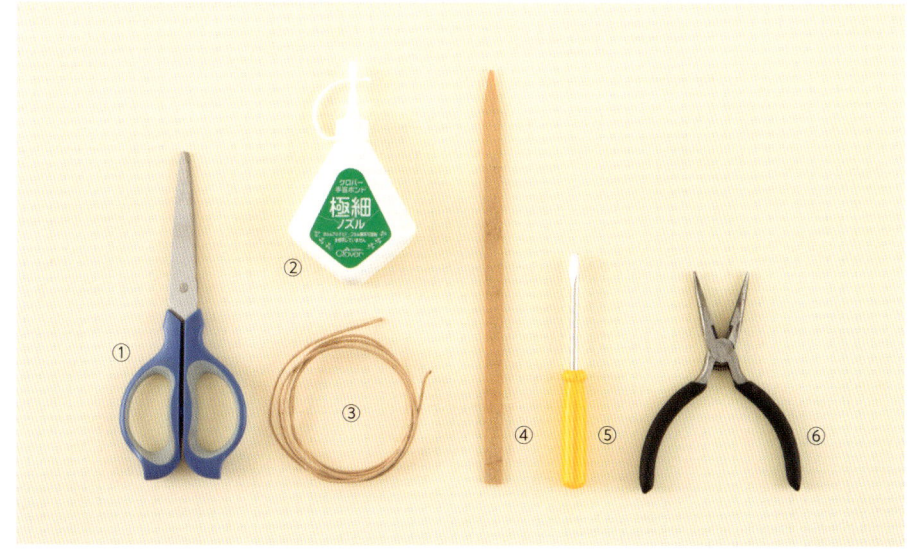

① **가위** 종이끈을 자르는 데 사용한다.
② **접착제(수예용 본드)** 프레임과 본체를 접착하는 데 사용한다. 얇은 노즐이나 프레임의 틈에 바르기 좋다.
③ **종이끈** 프레임의 틈에 넣어서 본체를 고정할 때 사용한다.
④ **헤라** 접착제를 틈에 빠짐없이 바를 때에 사용한다. 이쑤시개나 대나무 꼬치도 OK.
⑤ **일자 드라이버** 프레임에 본체나 종이끈을 끼워 넣을 때 사용한다.
⑥ **펜치** 프레임 끝을 조일 때 사용한다. 조일 때는 덧대는 천을 사용한다.

[프레임 파우치] ▶ P. 40

프레임 달기

Lesson ※재료, 완성 사이즈, 마름질, 만드는 방법은 P. 75 참조

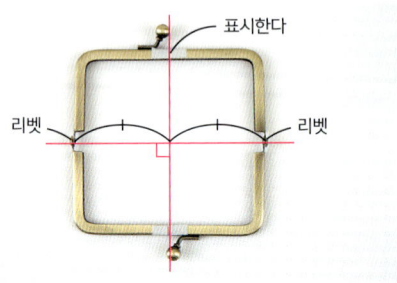

① 리벳에서 리벳까지를 2등분해서 프레임의 중심에 표시한다. 프레임의 안쪽에 마스킹테이프를 붙여 두면 표시하기 쉽다.

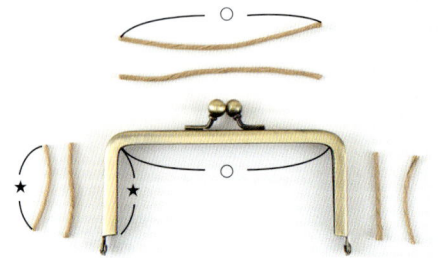

② 프레임의 길이에 맞춰서 종이끈을 필요한 수만큼 자른다.

③ 프레임의 틈에 접착제를 넣고, 헤라 등으로 틈의 벽면에 골고루 바른다. 한 쪽씩 꽂기 때문에 한쪽에만 접착제를 바른다.

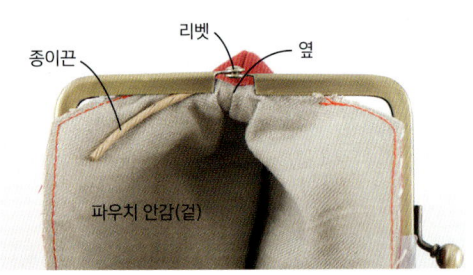

④ 접착제가 마르기 전에 옆과 리벳의 위치를 맞춰서 프레임에 본체를 꽂아 넣는다. 움직이지 않도록 종이끈을 끼워 넣고, 가장자리를 누른다.

⑤ 반대쪽 옆도 마찬가지로 만든다.

5 class

프레임 달기

⑥ 본체 전체를 프레임에 끼워 넣는다. 프레임과 본체의 중심에 맞춰 좌우 균형이 맞는지, 프레임의 안쪽까지 본체가 확실하게 들어갔는지 확인한다.

⑦ 종이끈과 프레임의 중심을 맞춰서 종이끈을 넣는다.

⑧ 중심과 끝 쪽에서 모서리를 향해서 종이끈을 끼워 넣는다. 종이끈은 프레임의 안까지 넣지 말고, 들여다보면 보이는 정도까지 넣는다.

⑨ 반대쪽의 틈에는 ③~⑧과 마찬가지로 접착제를 바르고 본체와 종이끈을 끼워 넣는다. 프레임을 연 채로 접착제를 말린다.

⑩ 프레임에 상처가 나지 않도록 덧대는 천을 겹쳐서 프레임의 끝 4곳을 펜치로 조인다.

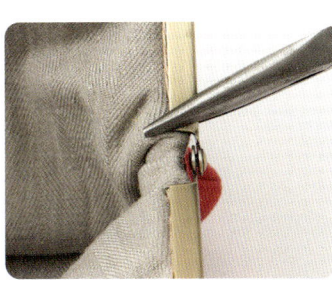

※ 덧대는 천을 떼어낸 상태. 프레임의 끝에 펜치의 끝을 맞춘다.

\\ 완성! //

{ 2중 프레임 }
여행 파우치

꼭지쇠가 2중으로 되어 있는 프레임을 사용한 파우치.
화장품이나 작은 물건들을 정리정돈할 수 있어서 여행용으로 좋다.
2중 프레임은 작은 것→큰 것 순서대로 단다.
만드는 방법 ▶ P. 80

design & make / mini-poche 요네다 아리

5 class

프레임 달기

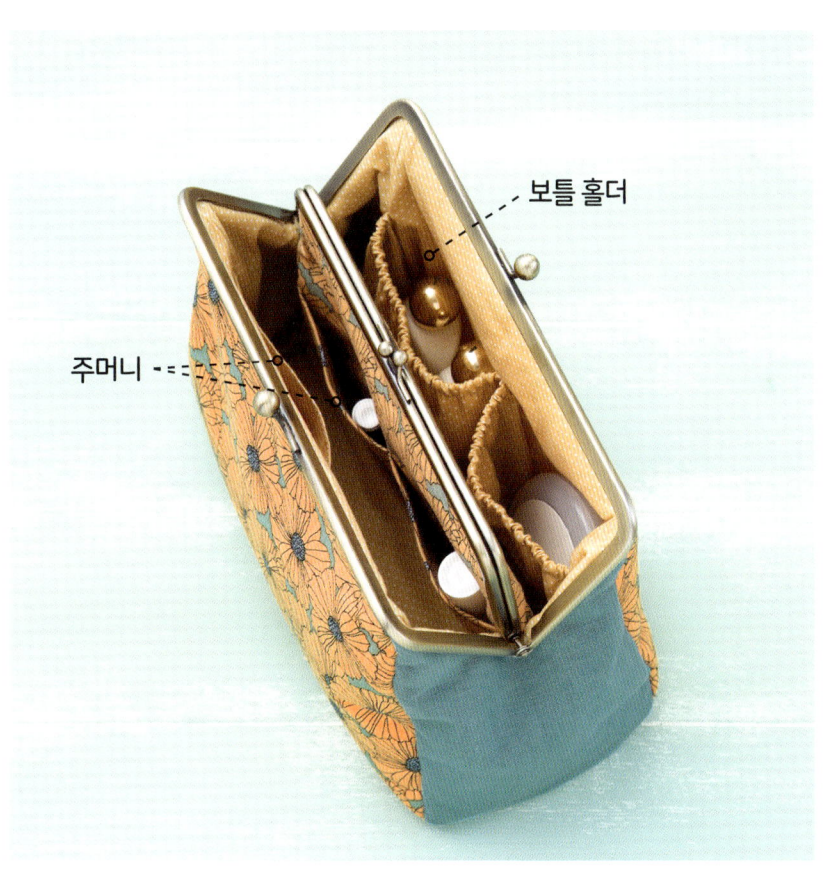

보틀 홀더

주머니

파우치의 안쪽에 주머니와 보틀 홀더 붙이기. 옆면이 있어서 물건을 많이 넣을 수 있다.

{ 익숙해지면 큰 프레임으로 }

A5 파우치

프레임 달기에 익숙해지면 조금 큰 사이즈에 도전해 보자.
A5 사이즈의 수첩이나 노트가 쏙 들어간다.
바깥 주머니는 칸을 나누어 막고, 안쪽에는 작은 주머니를 달았다.

만드는 방법 ▶ P. 82

design & make / mini-poche 요네다 아리

5 class

프레임 달기

{ 바네를 사용하고, 태브를 달아 완성한 }
교통카드+열쇠 파우치

양쪽을 누르면 바로 열리는 바네를 달고, 안쪽에 열쇠를 다는 태브를 달았다.
바깥쪽에 주머니를 달아서 IC카드를 넣을 수 있다. 고리 달린 릴도 추가!
만드는 방법 ▶ P. 84

design & make / sewsew 신구 마리

응용 class
실용적인 파우치 만들기

용도에 따라 실생활에 쓰임새가 많은 파우치를 만들 수 있다.
편리하고 200% 활용 가능한 파우치를 만들어 보자.

{ 병원 갈 때 챙기는 }
건강 파우치

기본 지퍼 파우치를 약과 진료권을 넣는 파우치로 응용하여 만들어 보자.
만드는 방법 ▶ P. 86

design & make / komihinata 스기노 미오코

응용 class

일상 파우치 만들기

파우치에 약이나 진료권을 넣어 두면 바로 꺼낼 수 있다. 작은 알약은 지퍼 쪽에 넣어 두면 찾기 쉽다.

{ 미니사이즈 토트백 }
열쇠 파우치

지퍼 파우치에 손잡이를 달아서 작고 귀여운 토트백 스타일로 만든다.
가방에서 미아가 되기 일쑤인 열쇠를 보관하기에 딱 좋은 사이즈.
만드는 방법 ▶ P. 88

design & make / komihinata 스기노 미오코

응용 class

일상 파우치 만들기

{ 직선박기만으로 간단히 만드는 }
주머니 파우치

천만 있으면 바로 완성할 수 있어서 부담 없이 만들 수 있는 주머니.
선물을 넣어서 줄 때도 활용하면 좋다.
만드는 방법 ▶ P. 89

design & make / komihinata 스기노 미오코

〈 둘둘 말아서 수납할 수 있는 〉
코바늘 파우치

내용물이 튀어나오지 않게 위쪽에 뚜껑을 달아 안전하다.
펜이나 공구를 넣는 용도로 활용해도 좋다.
만드는 방법 ▶ P. 90

design & make / mini-poche 요네다 아리

응용 class

일상 파우치 만들기

A

B

{ 사이즈는 천의 크기대로 }
테트라 파우치

만드는 법은 같지만 천의 크기가 다르면 모양도 이렇게 달라진다.
작은 것은 화장품 파우치로, 큰 것은 보온·보냉 시트를 넣어 음료 홀더로 사용.
만드는 방법 : A ▶ P. 92 | B ▶ P. 93

design & make / sewsew 신구 마리

[캐러멜 파우치 응용]
베이글 파우치

캐러멜 파우치 옆의 접는 개수를 늘리면 육각형 파우치로 변형된다.
통통하고 귀여운 모양으로 완성!

만드는 방법 ▶ P. 94

design & make / sewsew 신구 마리

응용 class

일상 파우치 만들기

{ 삼각형 귀를 달아 꿰매기만 하면 완성 }
고양이 파우치

호피 무늬 천을 사용한, 장난기 넘치는 파우치.
삼각형으로 만든 귀 사이를 박기만 하면 간단히 완성된다.
만드는 방법 ▶ P. 95

design & make / sewsew 신구 마리

꼭 기억해 두어야 할
파우치의 부분 명칭

지퍼
파우치를 열고 닫는다. 오른손잡이의 경우, 상단 막음쇠가 왼쪽으로 오도록 달면 열고 닫기 쉽다.
만드는 방법 ▶ P. 8

입구
물건을 넣을 수 있는 부분이다.

겉주머니
파우치의 겉쪽 부분. 박기 전의 상태는 겉감이다. 여러 가지 천을 사용해서 만들 수 있다. 팽팽하게 만들기 위해 접착심을 붙일 수도 있다.
만드는 방법 ▶ P. 38
접착심 ▶ P. 23

옆

바닥

안주머니
파우치의 안쪽에 붙이는 주머니. 박기 전의 상태는 안감이다.
만드는 방법 ▶ P. 25

프레임
파우치를 열고 닫는 금속. 프레임, 바네 등을 사용한다.
만드는 방법 ▶ P. 41

몸판

옆면
파우치의 옆에 천을 붙인 부분.

만드는 방법

〔 일러두기 〕

- 이 책의 실물 크기 패턴지에는 시접이 포함되어 있으므로, 시접을 더 붙일 필요는 없다.
- 직선으로만 만들 수 있는 것은 실물 크기의 패턴이 없는 경우도 있다. 그런 경우에는 표기된 치수를 참조하여 천에 직접 선을 그리거나 패턴을 만들어 재단한다.
- 만드는 과정에서 특별히 지정하지 않은 숫자의 단위는 cm이다.
- 재료의 치수는 폭×길이의 순서대로 표기한다. 무늬에 방향이 있는 프린트천을 사용하거나 무늬를 맞춰야 할 때는 치수가 바뀌는 경우도 있으므로 주의한다.
- 프레임의 금속은 폭×높이의 순서대로 표기한다.

〔 손바느질의 기본 〕

감침질

시접을 접어 천의 안쪽을 살짝 떠서 꿰맨다. 안쪽은 긴 사선의 땀이 된다.

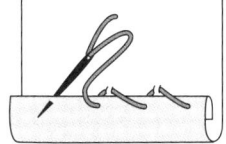

공그르기

바늘을 접은 솔기 사이로 넣어 뽑아 실밥이 보이지 않게 바느질한다.

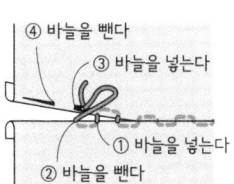

꽃무늬 패턴 파우치 _ A 삼각형접기 Photo ▷ P. 6

완성 사이즈
폭 21×높이 15cm

재료
마(꽃무늬, 겨자색) …23×31.4cm
80수 무지 …23×31.4cm
접착심 …23×31.4cm
길이 20cm 구슬 금속 지퍼 …1개

치수

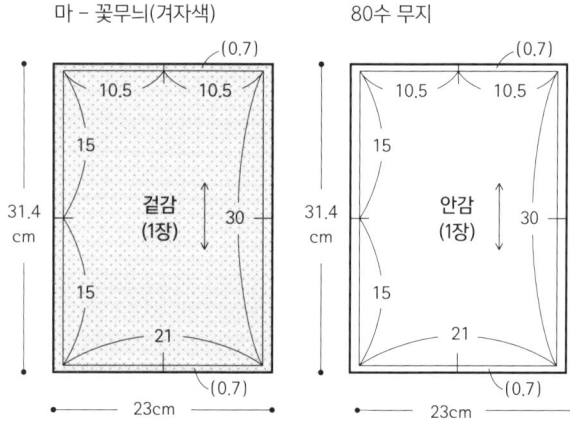

마 - 꽃무늬(겨자색) / 80수 무지

겉감(1장) / 안감(1장)

* ( ) 안은 시접. 지정된 것 이외에는 1cm를 넣는다.
* ▨ 안에는 접착심을 붙인다.

바느질 순서

* P. 10~12 참조

* 완성된 모양

꽃무늬 패턴 파우치 _ B 직각접기 Photo ▷ P. 6

완성 사이즈
폭 22×높이 15cm

재료
마(꽃무늬, 감색) …24×31.4cm
80수 무지 …24×31.4cm
접착심 …24×31.4cm
길이 20cm 구슬 금속 지퍼 …1개

치수

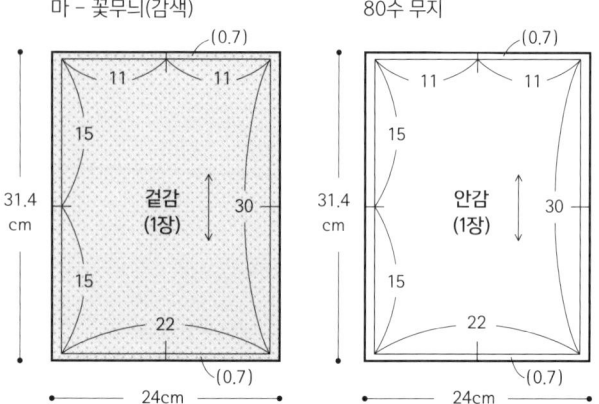

마 - 꽃무늬(감색) / 80수 무지

겉감(1장) / 안감(1장)

* ( ) 안은 시접. 지정된 것 이외에는 1cm를 넣는다.
* ▨ 안에는 접착심을 붙인다.

바느질 순서

① 지퍼의 귀를 처리한다.
* P. 13-B 참조
⇩
* P. 10-② ~ P. 12 참조

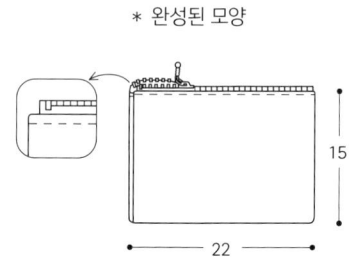

* 완성된 모양

꽃무늬 패턴 파우치 _ C 끌어넣기 Photo ▷ P. 6

완성 사이즈
폭 17×높이 15cm

재료
마(꽃무늬, 연파랑) …19×31.4cm
80수 무지 …19×31.4cm
접착심 …19×31.4cm
길이 20cm 구슬 금속 지퍼 …1개

치수

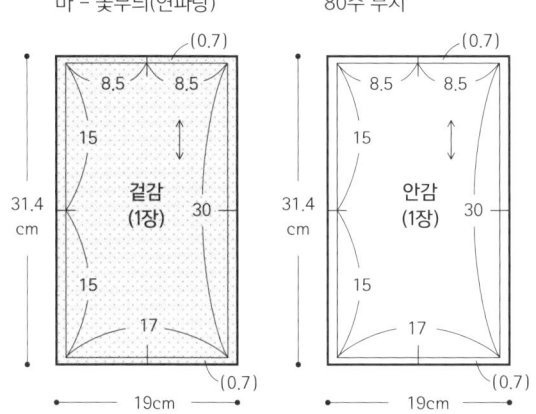

* ( ) 안은 시접. 지정된 것 이외에는 1cm를 넣는다.
* ▭ 안에는 접착심을 붙인다.

바느질 순서

① 지퍼를 단다.
  * P. 13-C 참조
② 여분의 지퍼를 자른다.

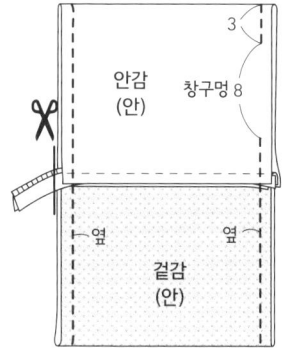

③ 겉으로 뒤집어서 창구멍을 막는다.
  * P. 12-⑥ 참조

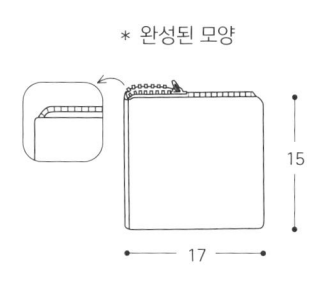
* 완성된 모양

꽃무늬 패턴 파우치 _ D 천 덧대기 Photo ▷ P. 6

완성 사이즈
폭 23×높이 15cm

재료
마(꽃무늬, 빨강) …25×31.4cm
80수 무지 …25×31.4cm
리넨(남색) …7×5cm
접착심 …25×31.4cm
길이 20cm 구슬 금속 지퍼 …1개

치수

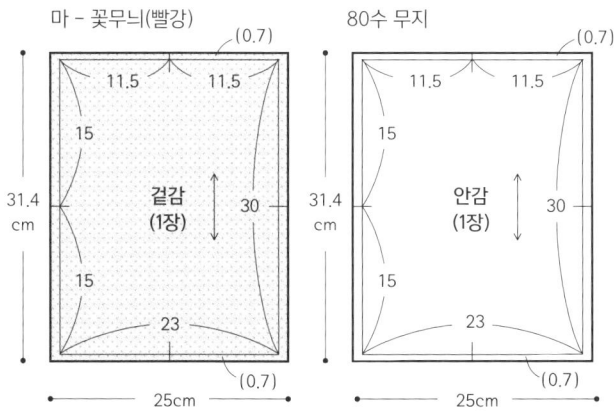

* ( ) 안은 시접. 지정된 것 이외에는 1cm를 넣는다.
* ▭ 안에는 접착심을 붙인다.

바느질 순서

① 지퍼의 양끝에 천을 덧댄다.
  * P. 14-D 참조
② 겉감에 지퍼를 시침질한다.

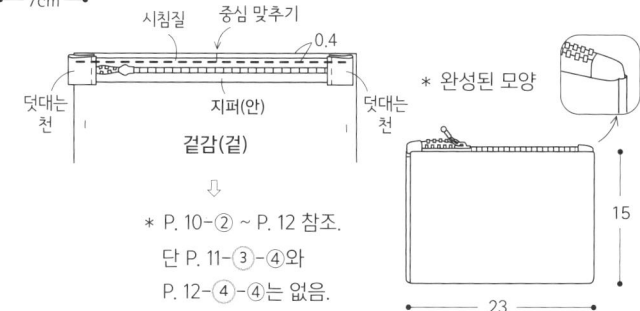

* P. 10-② ~ P. 12 참조.
  단 P. 11-③-④와
  P. 12-④-④는 없음.

* 완성된 모양

꽃무늬 패턴 파우치 _ E 빼내기 Photo ▷ P. 6

완성 사이즈
폭 26×높이 15cm

만드는 방법
마(꽃무늬, 짙은 회색) …28×32cm
80수 무지 …28×32cm
80수 무지 …7.5×9cm
접착심 …28×32cm
길이 20cm 구슬 금속 지퍼 …1개

치수

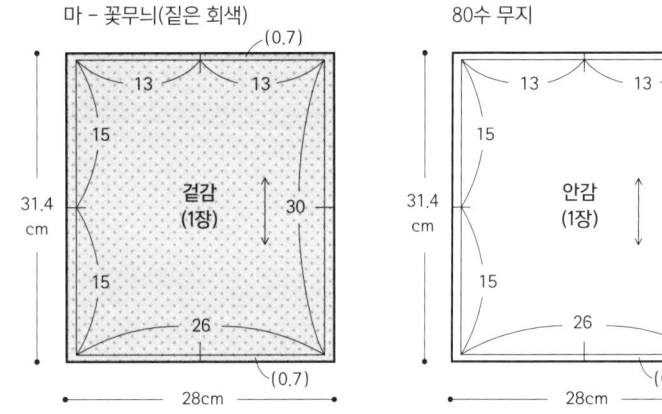
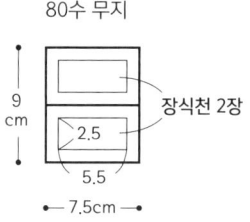

* ( ) 안은 시접. 지정된 것 이외에는 1cm를 넣는다.
* ▨ 안에는 접착심을 붙인다.

바느질 순서

① 지퍼를 달고, 옆을 박는다.
* P. 15-E 참조

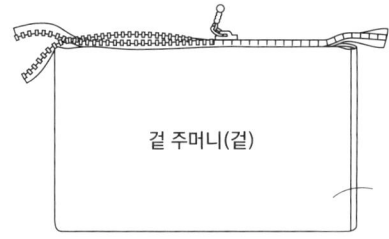

② 지퍼의 양끝에 장식천을 붙인다.

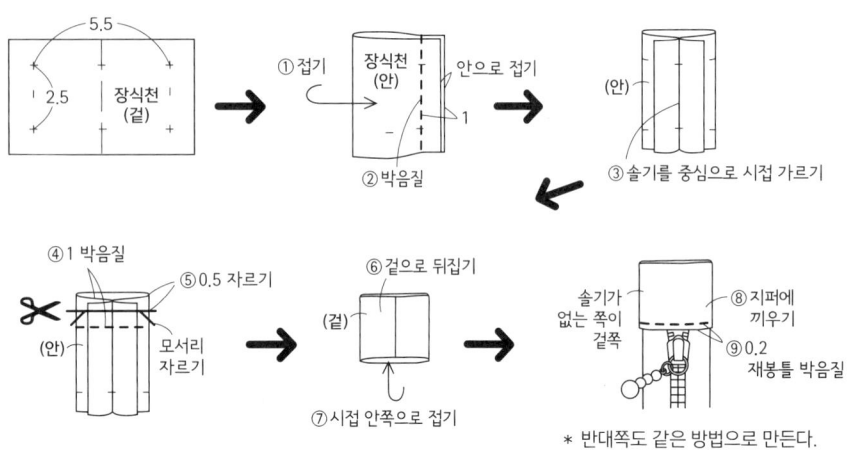
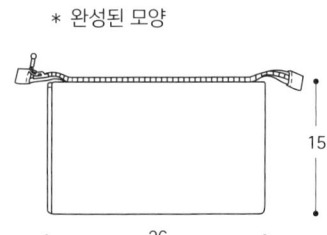

* 완성된 모양

* 반대쪽도 같은 방법으로 만든다.

캐러멜 파우치 Photo ▷ P. 16

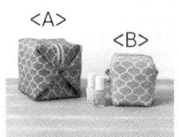

완성 사이즈
<A> 폭 10×높이 10×옆면 10cm
<B> 폭 8×높이 8×옆면 8cm

재료
<A>
옥스포드(모로코 무늬·회색)
…40×50cm
코튼리넨(베이지) …50×50cm
길이 20cm 금속 지퍼 …1개
접착심 …22×45cm

<B>
옥스포드(모로코 무늬·분홍) …35×40cm
코튼리넨(베이지) …50×40cm
길이 16cm 금속 지퍼 …1개
접착심 …18×35cm

마름질과 치수

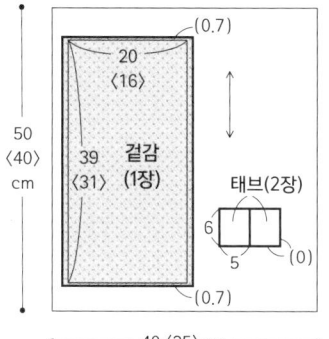

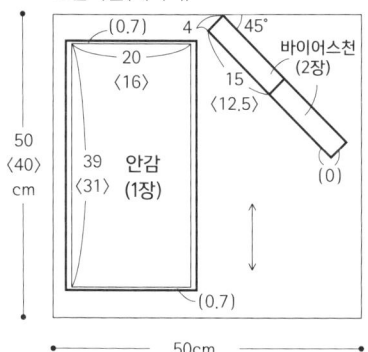

* ( ) 안은 시접. 지정된 것 이외에는 1cm를 넣는다.
* ▨ 안에는 접착심을 붙인다.
* < > 안은 작은 파우치 <B>의 치수이다.

바느질 순서

① 지퍼를 단다.

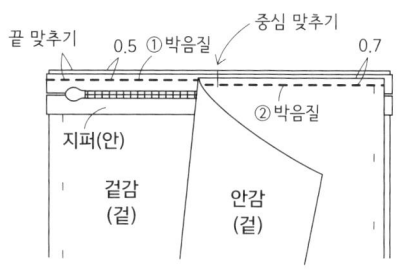

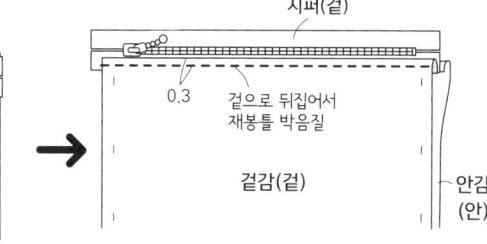

* 반대쪽도 같은 방법으로 만든다. P. 94 참조

② 태브를 붙인다.

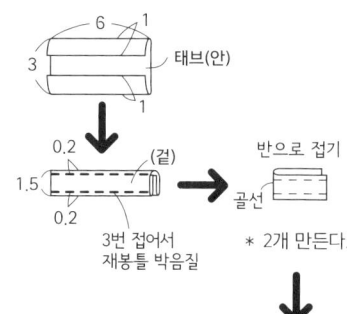

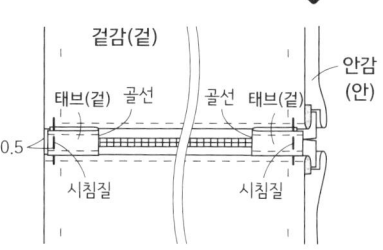

③ 접어서 옆부분을 박는다.

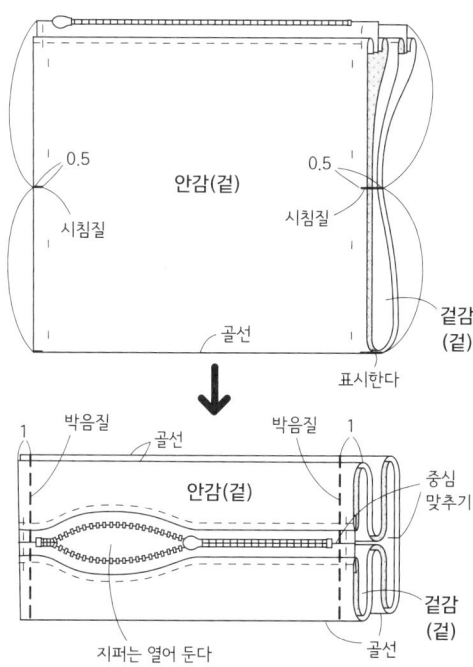

지퍼는 열어 둔다

④ 시접을 바이어스천으로 싼다.

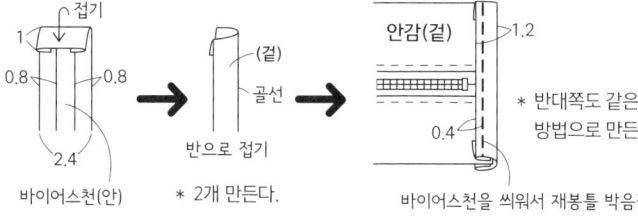

* 2개 만든다.

바이어스천을 씌워서 재봉틀 박음질

* 반대쪽도 같은 방법으로 만든다.

⑤ 겉으로 뒤집어서 모양을 정리한다.

* 완성된 모양

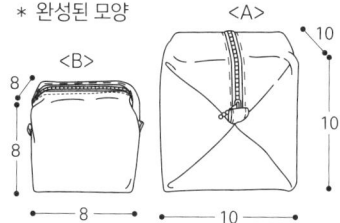

통통 파우치 Photo ▷ P.17

완성 사이즈
지름 12×옆면 4cm(손잡이 미포함)

실물 크기 패턴
【A】<1> 몸판, <2> 옆면, <3> 바닥면, <4> 안주머니

재료
옥스포드(새 무늬)…40×35cm
코튼(물방울무늬)…80×40cm
접착심…40×30cm
길이 20cm 구슬 금속 지퍼…1개
안쪽 지름 1cm D링, 고리…각 2개

* ( ) 안은 시접. 지정된 것 이외에는 0.7cm를 넣는다.
* ▨ 안에는 접착심을 붙인다.

마름질과 치수

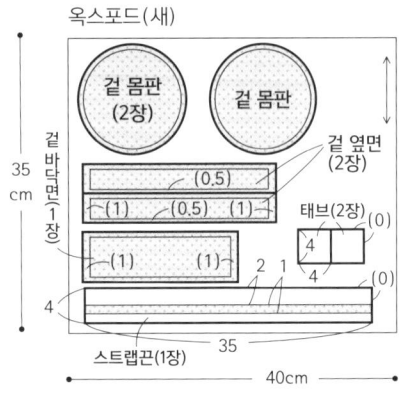
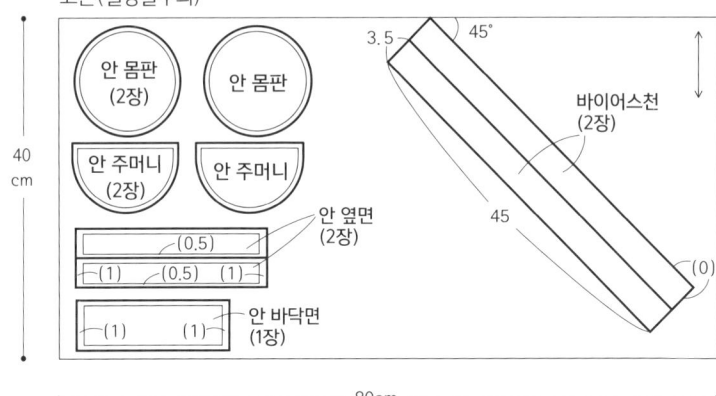

바느질 순서

① 안 몸판 1장에 안 주머니를 붙인다.

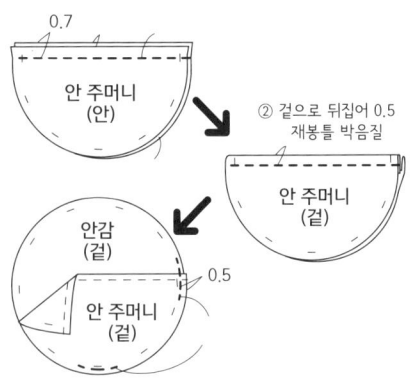

② 옆면을 만든다.

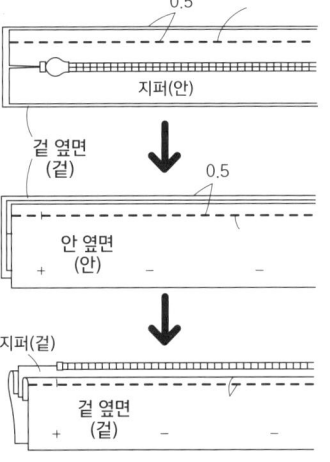

* 반대쪽도 같은 방법으로 만든다.

③ 태브를 단다.

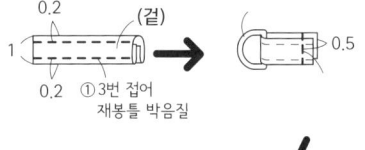
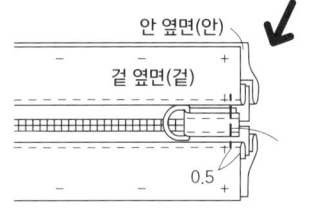

* 반대쪽도 같은 방법으로 만든다.

⑥ 몸판과 옆면을 박는다.
* P. 66-3과 같다. 단 ②의 박는 폭은 0.7cm

⑦ 시접을 바이어스천으로 싼다.
* P. 66-4와 같다. 단 ①의 박는 폭은 0.6cm

④ 옆면을 바닥면에 끼워서 박는다.

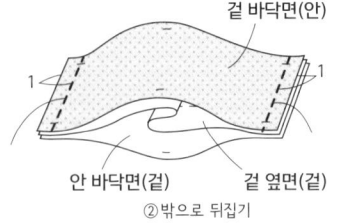

⑤ 옆면의 주위를 시침질한다.

⑧ 스트랩을 만든다.

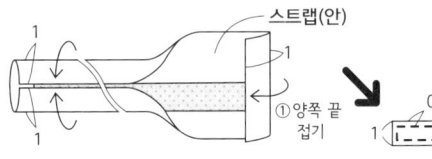

* 반대쪽도 같은 방법으로 만든다.

* 완성된 모양

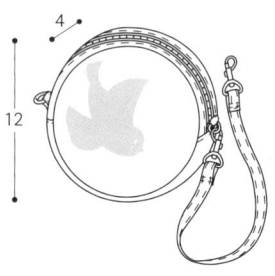

쉘 파우치 Photo ▷ P.18

완성 사이즈
폭 10×높이 10×옆면 4cm

실물 크기 패턴
【B】<1> 몸판

재료
코튼(프린트) …16×26cm
코튼(물방울무늬) …20×26cm
접착퀼트심 …14×24cm
길이 20cm 플랫니트 지퍼 …1개

마름질과 치수

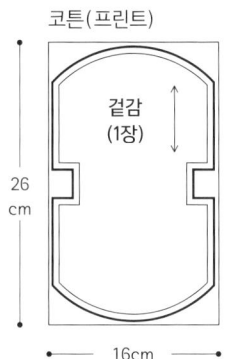
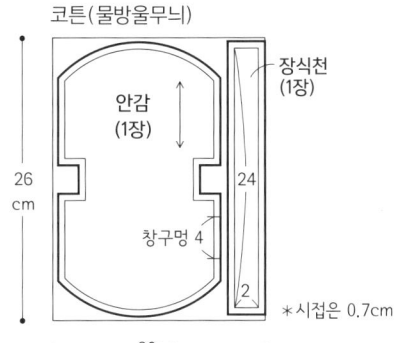
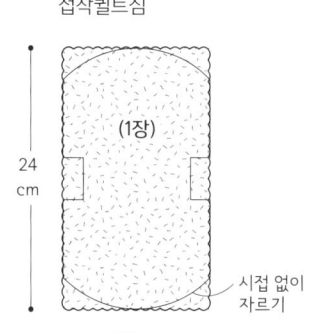

* 시접은 0.7cm

바느질 순서

① 겉감에 장식천을 붙인다.

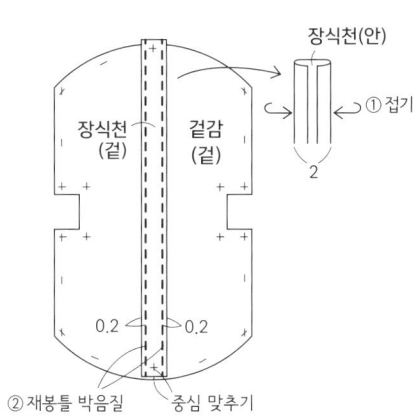

② 겉감의 안에 접착퀼트심을 붙인다.

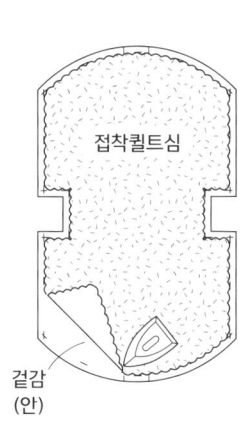

③ 지퍼를 단다.

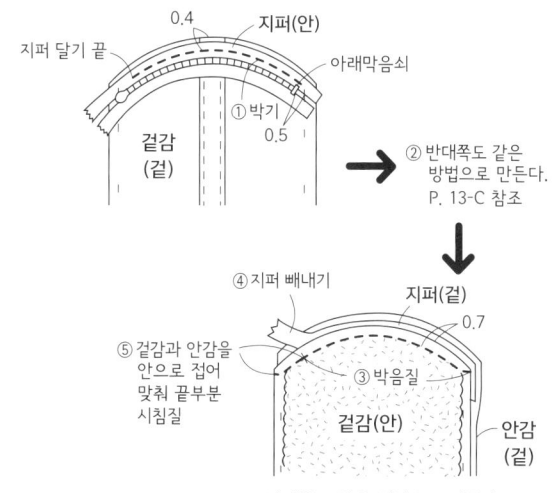

* 반대쪽도 같은 방법으로 만든다.

④ 옆을 박는다.

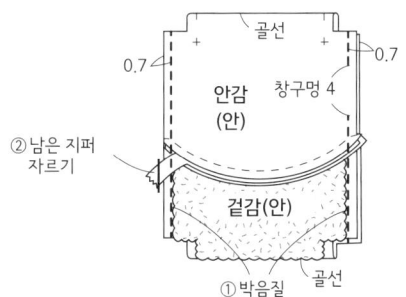

⑤ 바닥을 만든다.

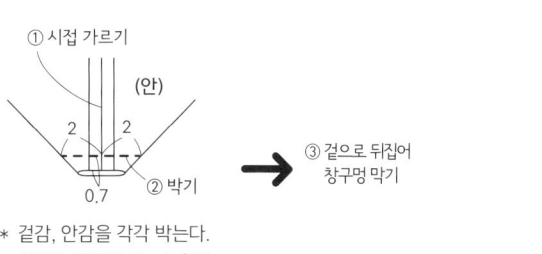

* 겉감, 안감을 각각 박는다.
시접은 바닥쪽으로 눕힌다.

* 완성된 모양

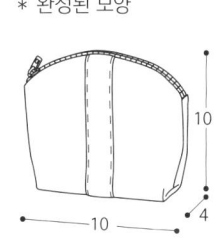

안경 파우치 A, B Photo ▷ P.20

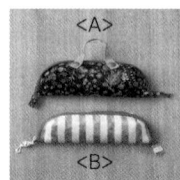

완성 사이즈
폭 20×높이 10×옆면 7.6cm

실물 크기 패턴
【D】<1> 몸판

재료
<A 손잡이 달기>
타나론면(리버티 프린트) …30×25cm
폭 1.7cm 그로그랭 리본 …38cm
지름 1.3cm 바네호크 …2

<B 스트라이프>
캔버스(스트라이프) …30×25cm

<AB 공통> * 1개 분량
시팅(베이지) …25×25cm
접착퀼트심 …50×25cm
길이 80cm 프리스타일 지퍼 …1개
슬라이더 …1개
지름 0.2cm 왁스코드 …20cm
지름 1.4cm 큰구멍 비즈 …1개

마름질과 치수

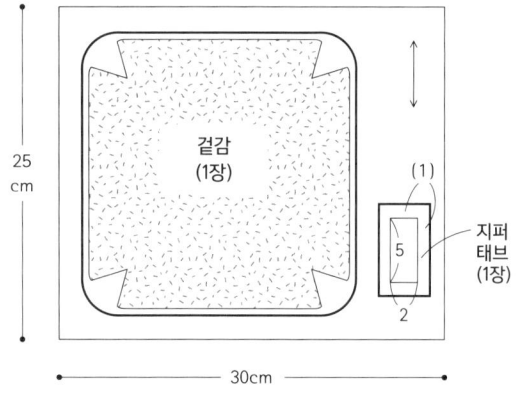
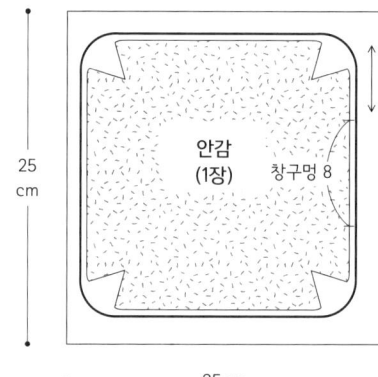

* ( ) 안은 시접. 지정된 것 이외에는 0.5cm를 넣는다.
* 안에는 접착퀼트심을 붙인다.

바느질 순서

① 겉감과 안감의 다트를 박는다. <A, B>

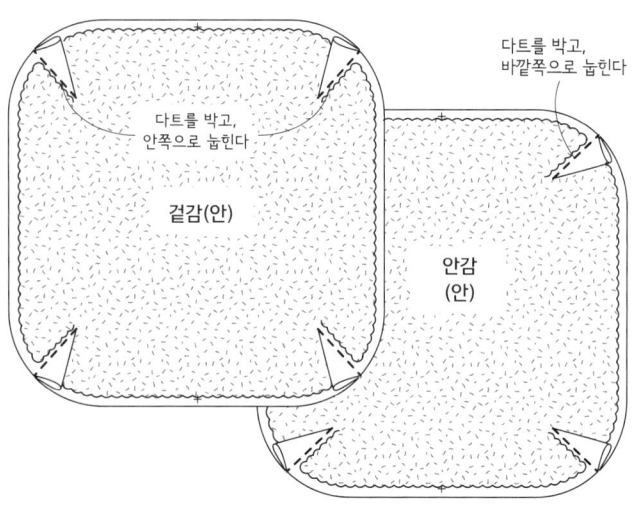

② 손잡이를 만든다. <A>

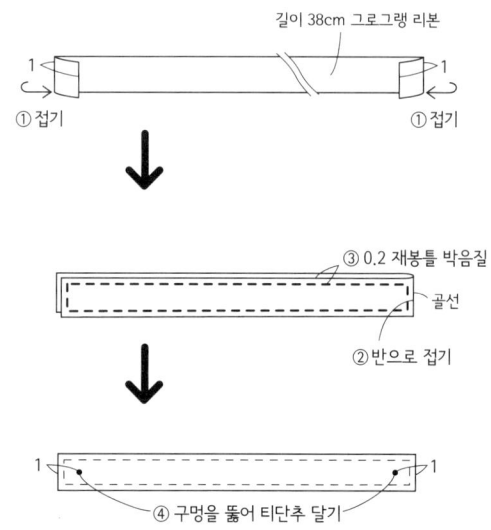

③ 지퍼를 단다. <A, B>

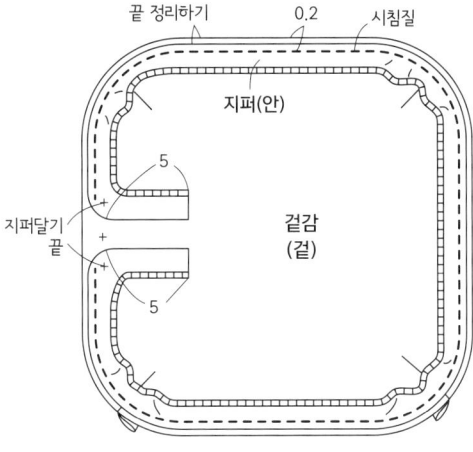

④ 겉감과 안감을 맞춰 박는다. <A, B>

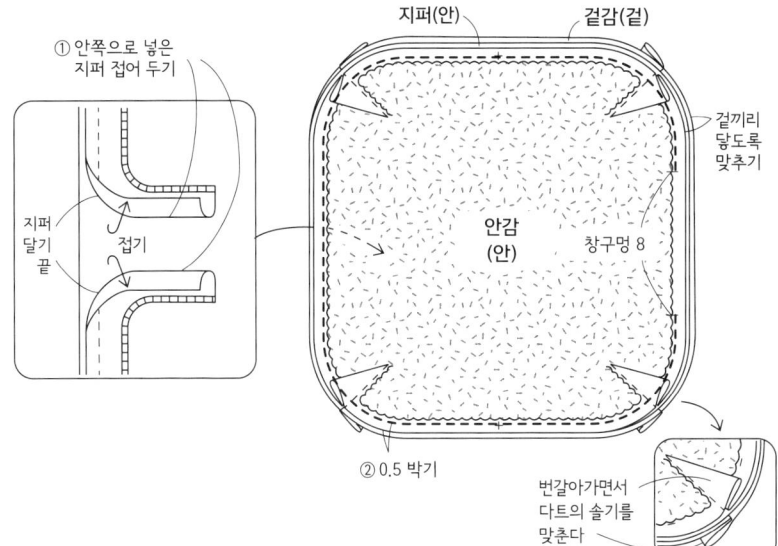

⑤ 겉으로 뒤집어서 주위를 박는다. <A, B>

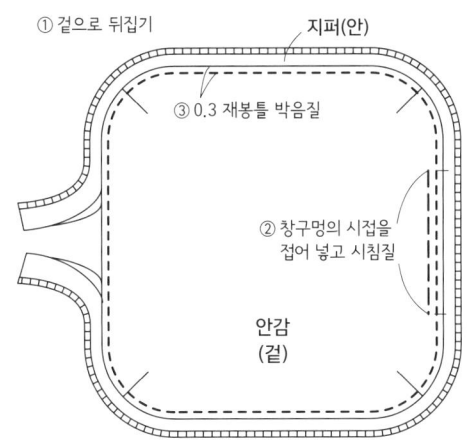

⑥ 티단추를 단다. <A>

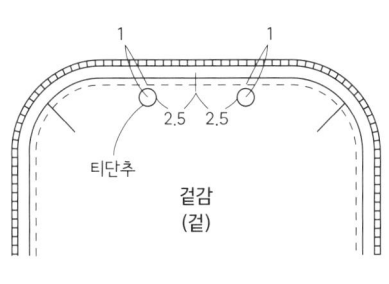

⑦ 지퍼 태브를 달고, 슬라이더 장식을 붙인다. <A, B>

<지퍼 태브>

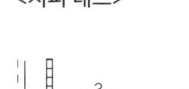
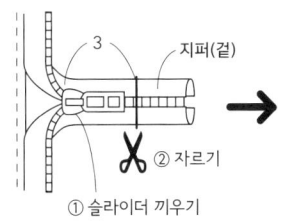
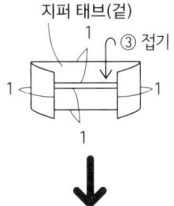
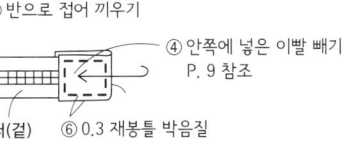

* 슬라이더 끼우는 방법은 P. 9 프리스타일 지퍼 참조

<슬라이더 장식>

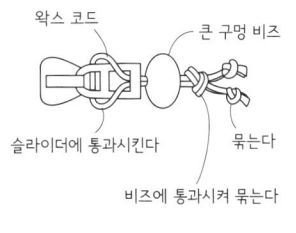

* 완성된 모양

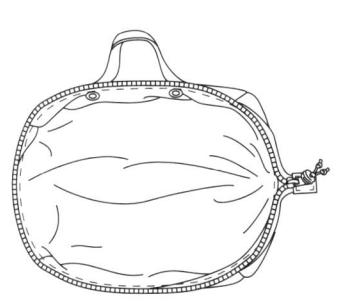
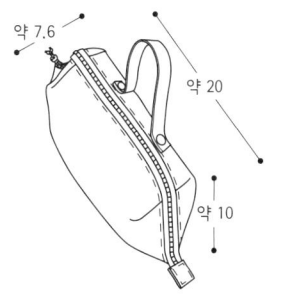

동전 파우치 Photo ▷ P.19

완성 사이즈
지름 8×옆면 1.4cm

실물 크기 패턴
【C】<1> 몸판, <2> 바닥면

재료
코튼리넨(체크무늬)…22×18cm
코튼리넨(베이지)…22×18cm
접착심…22×18cm

폭 12.7mm 양쪽 접힌 바이어스테이프
…60cm
길이 12cm 금속 지퍼 …1개

마름질과 치수

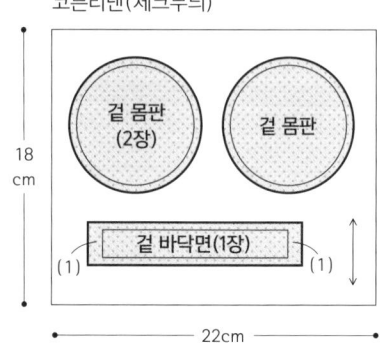
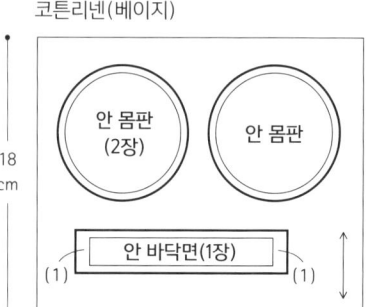

* ( ) 안은 시접. 지정된 것 이외에는 0.5cm를 넣는다.
* ▨ 안에는 접착심을 붙인다.

바느질 순서

① 지퍼를 바닥면에 끼워서 박는다.

② 바닥면의 끝을 시침질한다.

③ 몸판과 옆면을 박는다.

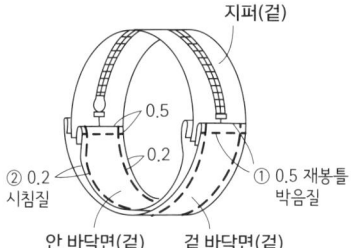
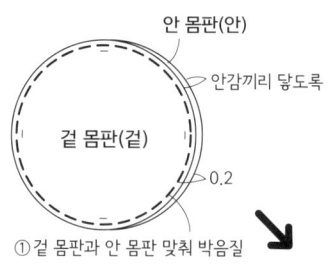

* 한 장 더 만든다.
* 시침질한 후 박으면 편하다.

④ 시접을 바이어스테이프로 감싼다.

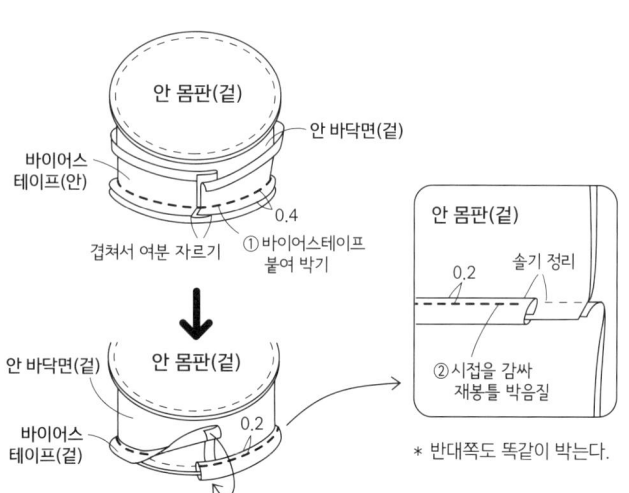

* 반대쪽도 똑같이 박는다.

⑤ 겉으로 뒤집어서 모양을 정리한다.

* 완성된 모양

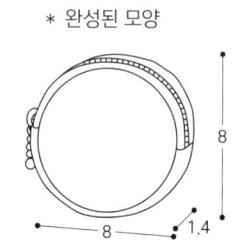

사각 파우치 _ A 접착심 없음, B 접착심, C 접착퀼트심 Photo ▷ P.22

완성 사이즈(공통)
폭 17×높이 16cm

만드는 방법(접착심과 접착퀼트심 붙이기 이외에는 A, B, C 공통)
마(꽃무늬)…19×33.4cm
80수 무지(연노랑색)…19×33.4cm
길이 16cm 구슬 달린 금속 지퍼 …1개

<B 접착심>
접착심 …19×33.4cm

<C 접착퀼트심>
접착퀼트심 …19×33.4cm

마름질과 치수

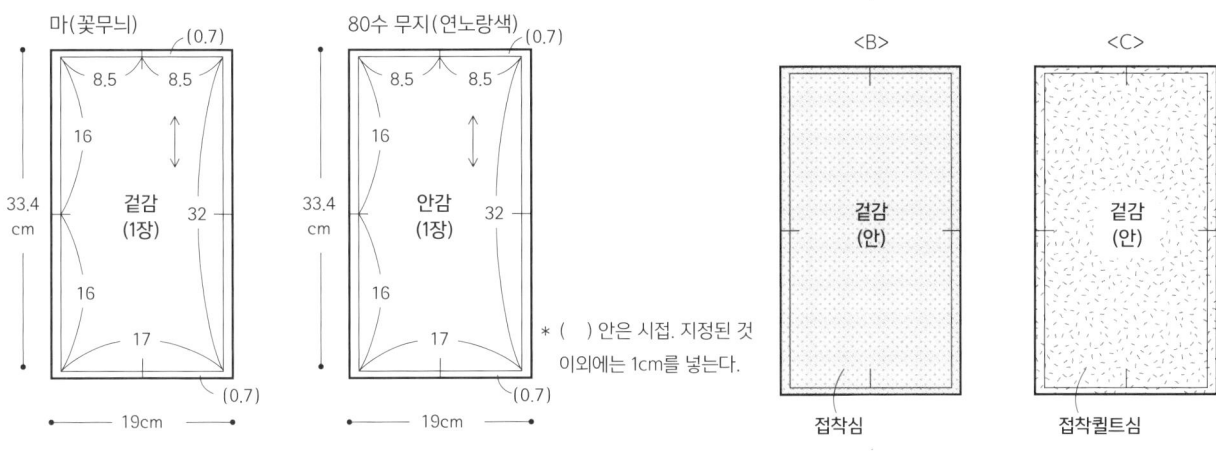

* ( ) 안은 시접. 지정된 것 이외에는 1cm를 넣는다.
* B는 접착심, C는 접착퀼트심 또는 겉감의 안에 심을 붙인다.

바느질 순서

① 지퍼를 단다.

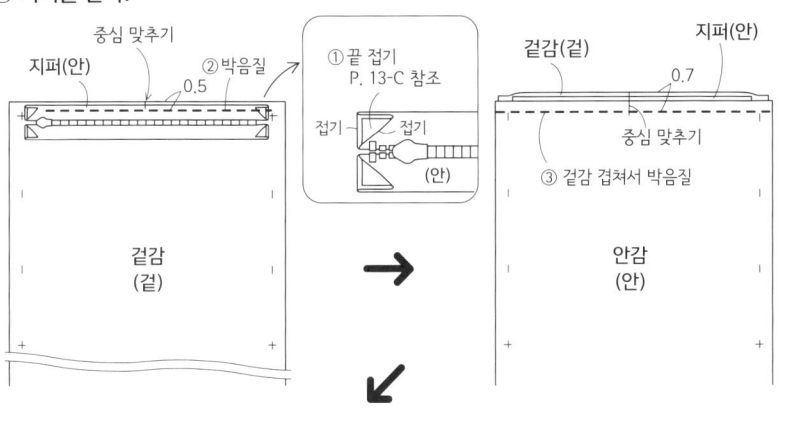

② 옆 부분을 박는다.

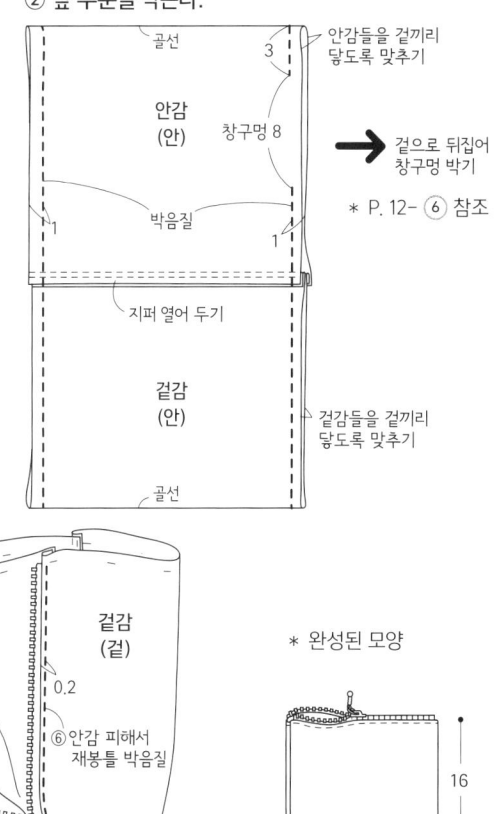

→ 겉으로 뒤집어 창구멍 박기
* P. 12-⑥ 참조

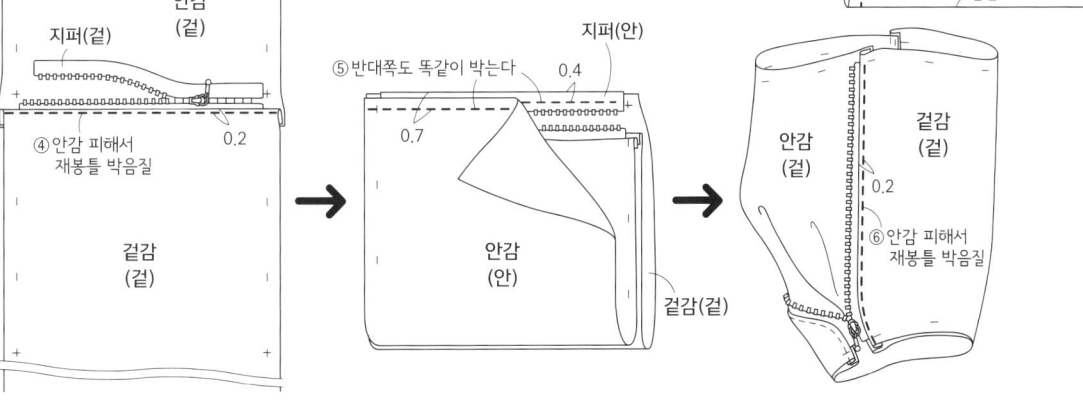

* 완성된 모양

지퍼 파우치 _ A 손바느질 Photo ▷ P.24

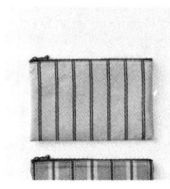

완성 사이즈
폭 21×높이 13cm

재료
트윌(스트라이프)···23×28cm
80수 무지(연노랑)···23×28cm
접착심···23×28cm
길이 20cm 구슬 달린 금속 지퍼···1개

마름질과 치수

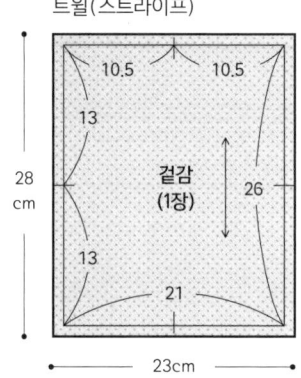

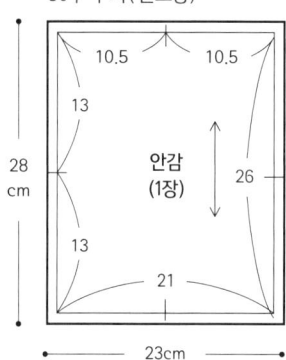

* ( ) 안은 시접. 지정된 것 이외에는 1cm를 넣는다.
* 안에는 접착심을 붙인다.

바느질 순서

① 지퍼를 단다.

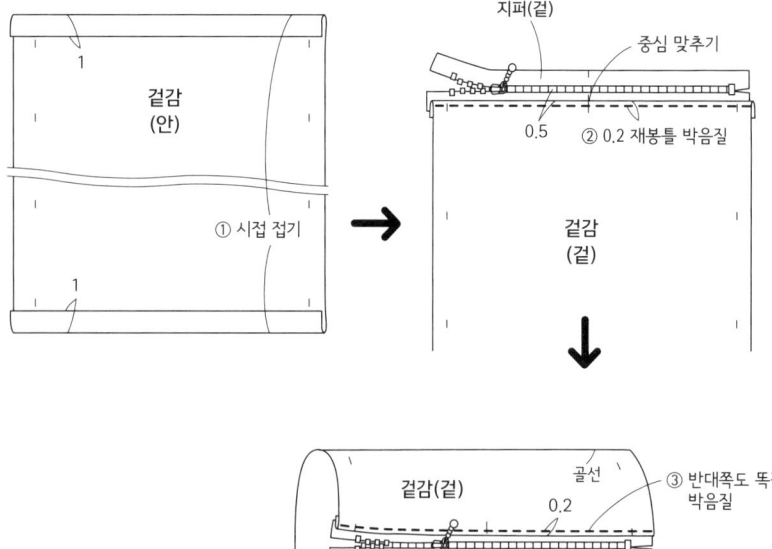

② 옆을 박는다.

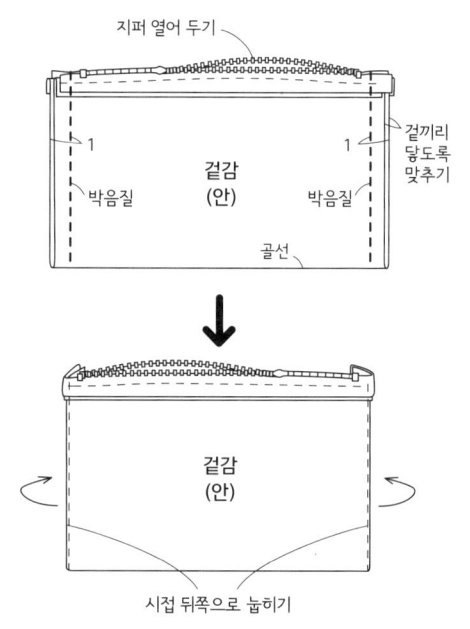

③ 안 주머니를 만든다.

④ 겉 주머니와 안 주머니를 겉끼리 닿도록 맞춰 안 주머니를 지퍼에 공그르기로 붙인다.
* P. 25, 57 참조

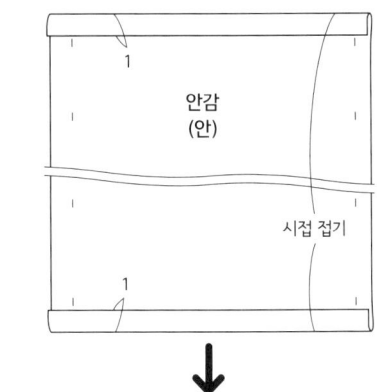

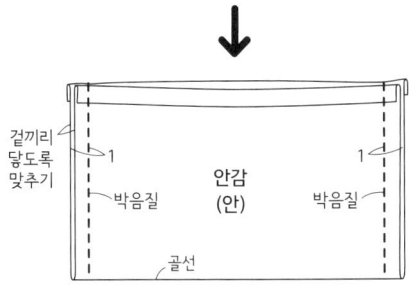

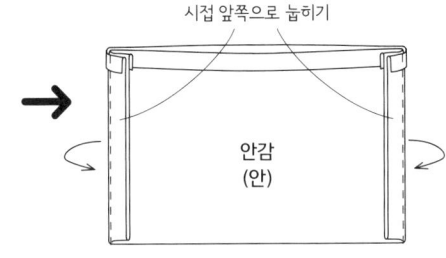

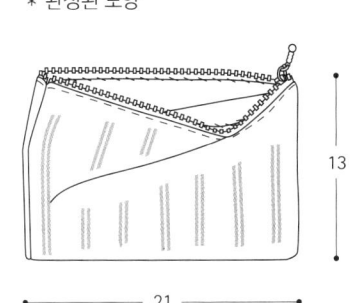

*완성된 모양

지퍼 파우치 _ B 재봉틀 바느질 Photo ▷ P.24

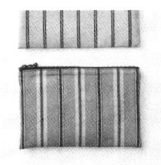

완성 사이즈
폭 21×높이 13cm

재료
트윌(스트라이프) … 23×27.4cm
80수 무지(물방울무늬) … 23×27.4cm
접착심 … 23×27.4cm
길이 20cm 구슬 달린 금속 지퍼 … 1개

마름질과 치수

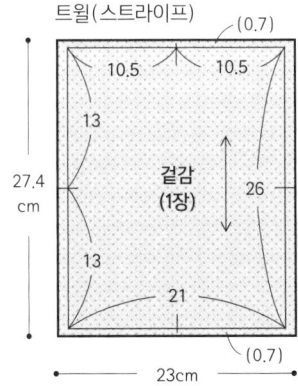

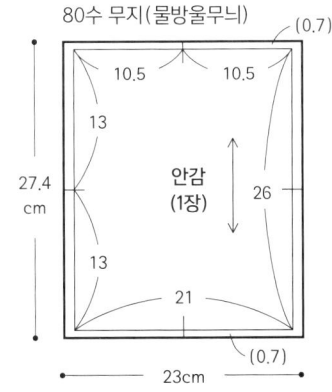

* ( ) 안은 시접. 지정된 것 이외에는 1cm를 넣는다.
* ▨ 안에는 접착심을 붙인다.

바느질 순서

안감 붙이기

* P. 10~12 참조

*완성된 모양

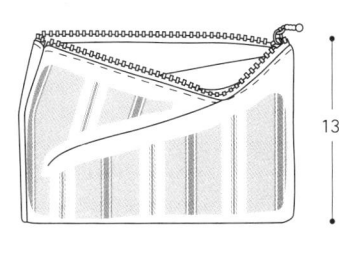

69

직사각 파우치 _ A 파이핑 Photo ▷ P.26

완성 사이즈
폭 18×높이 14×옆면 6cm

실물 크기 패턴
【E】<1> 몸판

재료
리넨(노랑) …45×35cm
도비(초록색) …70×35cm
코튼(깅엄체크무늬) …65×20cm
접착심 …45×35cm
길이 30cm 플랫니트 지퍼 …1개
자수사(금색) …적당량

마름질과 치수

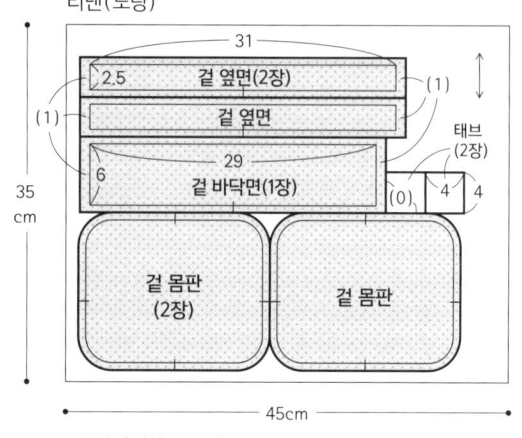
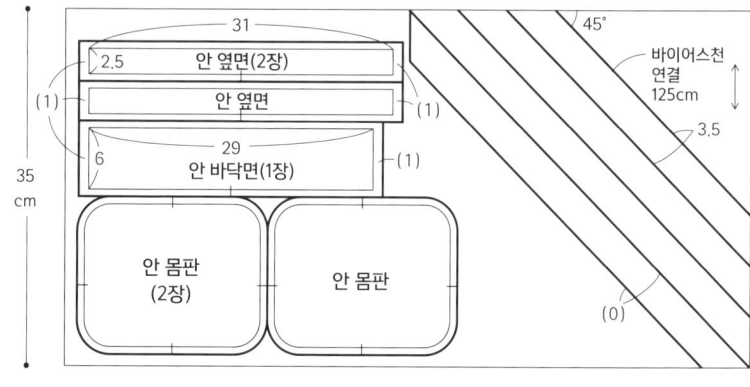

* ( ) 안은 시접. 지정된 것 이외에는 0.7cm를 넣는다.
* ▨ 안에는 접착심을 붙인다.

바느질 순서

① 바닥과 몸판을 만든다. * P. 28~29 - ② 참조

<태브 시침질>

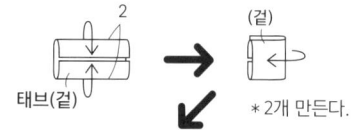

* 2개 만든다.

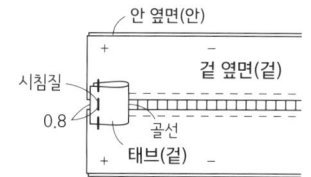

* 반대쪽도 똑같이 한다.

③ 파이핑 처리로 안감을 붙인다.
* P. 29~30 - ③~⑤ 참조   * 완성된 모양

② 리본을 만들고, 겉 몸판에 시침질한다.

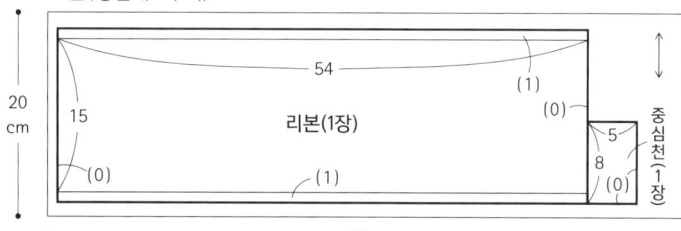

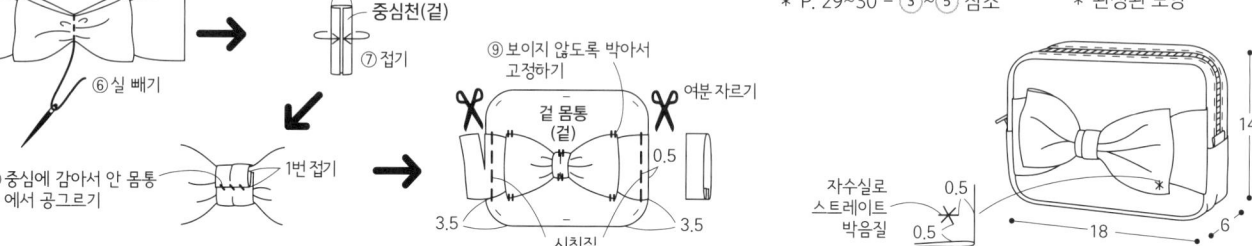

직사각 파우치 _ B 뒤집어 넣기 Photo ▷ P.26

완성 사이즈(공통)
폭 18×높이 14×옆면 6cm

실물 크기 패턴
【E】<1> 몸판

재료
인테리어 천(모로코 무늬)
…45×30cm
나일론 옥스포드(회색)…45×35cm
합성피혁(빨강)…45×15cm
접착심 …45×30cm

길이 30cm 크기 No.4 크래프트용
금속 지퍼 …1개
지름 0.8×높이 1.3cm 태슬 잠금장식
…1개

마름질과 치수

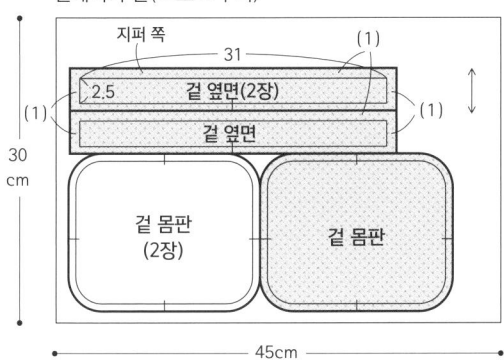

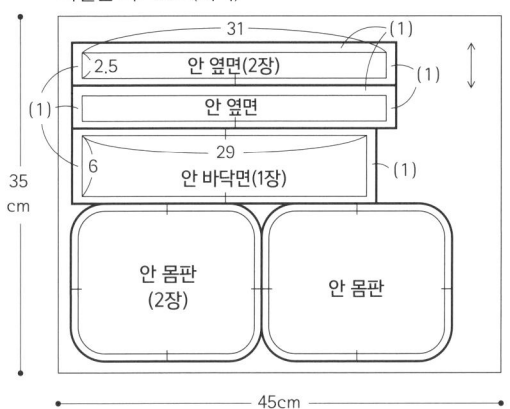

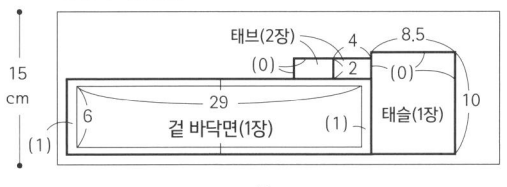

* ( ) 안은 시접. 지정된 것 이외에는 0.7cm를 넣는다.
* ▨ 안에는 접착심을 붙인다.

바느질 순서

① 옆면을 만든다.

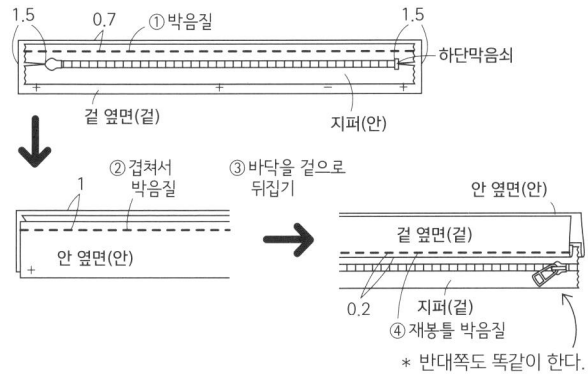

② 태브를 끼워서 바닥면과 맞춰서 붙인다.

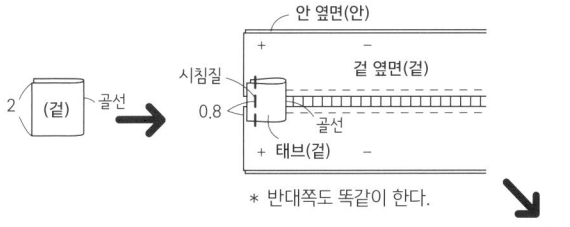

* 반대쪽도 똑같이 한다.
* P. 28~29 - ② 참조

③ 몸판과 바닥을 박고, 뒤집어서 안감을 붙인다. * P. 31~33 - ②~④ 참조

④ 태슬을 만든다.

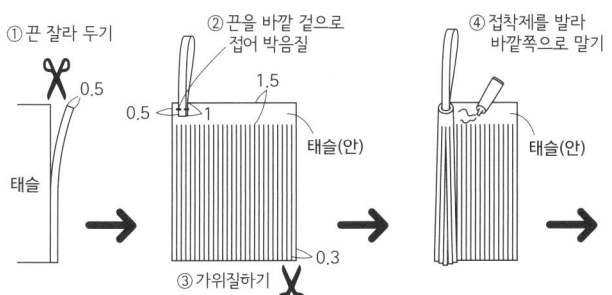

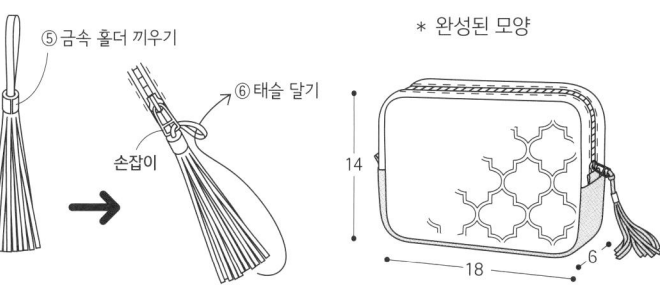

* 완성된 모양

캔버스 파우치 Photo ▷ P.34

완성 사이즈
폭 15×높이 13.5×옆면 3cm

재료
발수가공 8호 캔버스(청록색) …20×35cm
길이 20cm 플랫니트 지퍼 …1개
지름 1.5cm 다림질용 접착별 …8개

마름질과 치수

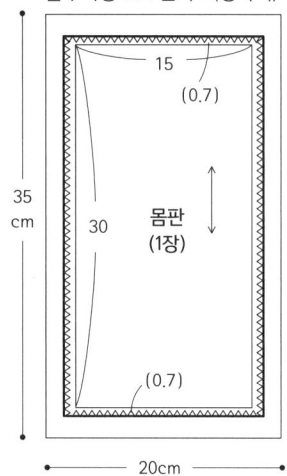

* ( ) 안은 시접. 지정된 것 이외에는 1cm를 넣는다.
* ᚹᚹᚹ는 시접에 지그재그 박음질을 한다.

바느질 순서

① 지퍼를 단다.

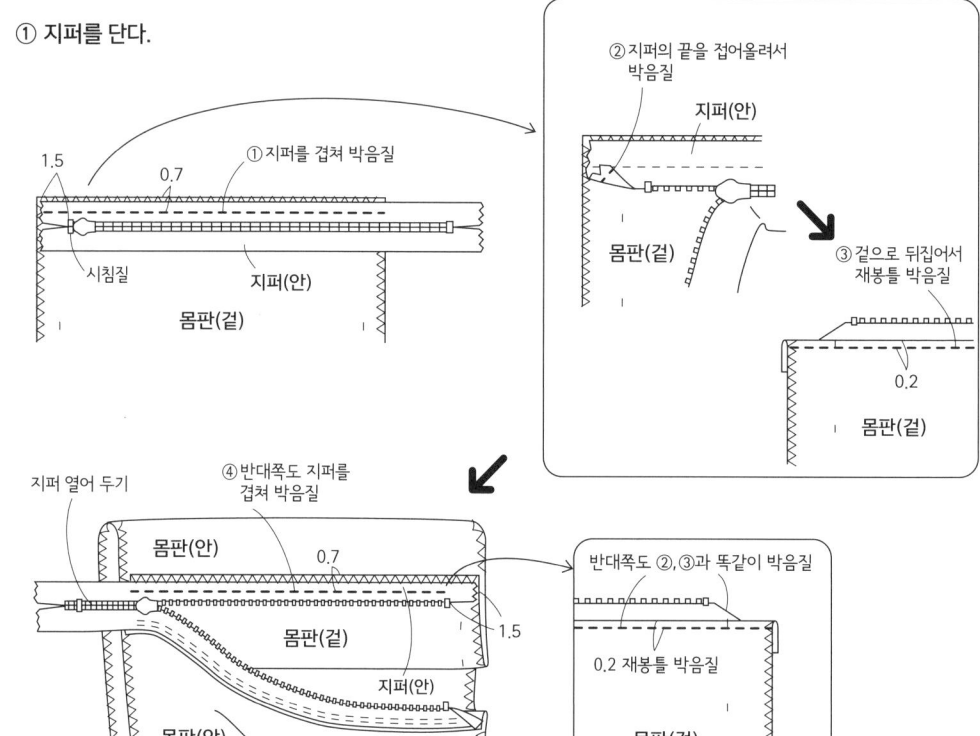

② 옆을 박는다.

③ 바닥을 박는다.

④ 별을 붙인다.

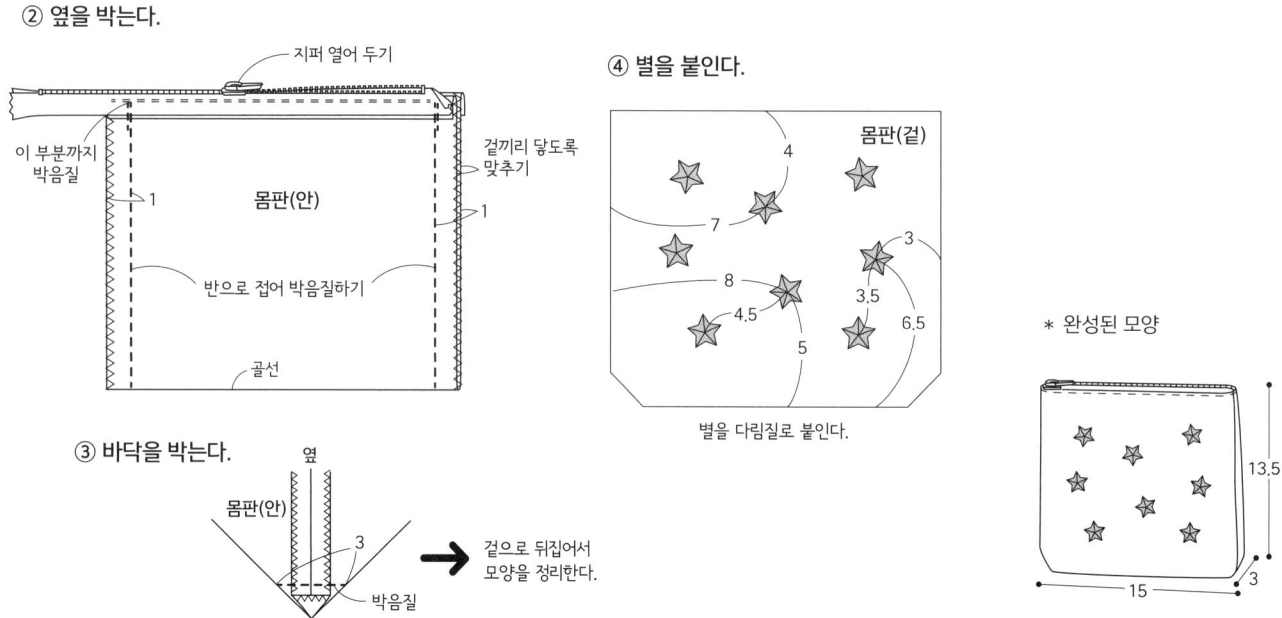

별을 다림질로 붙인다.

* 완성된 모양

타이벡 파우치 Photo ▷ P.35

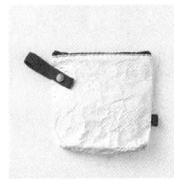

완성 사이즈(손잡이 미포함)
폭 15×높이 13.5×옆면 3cm

재료
타이벡 하드 타입(흰색) …20×35cm
길이 20cm 플랫니트 지퍼 …1개
폭 1.5cm 능직 테이프(빨강) …40cm
지름 1.3cm 티단추 …1쌍

마름질과 치수

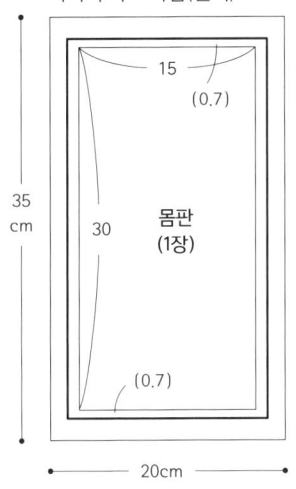

* ( ) 안은 시접. 지정된 것 이외에는 1cm를 넣는다.

바느질 순서

① 지퍼를 단다.

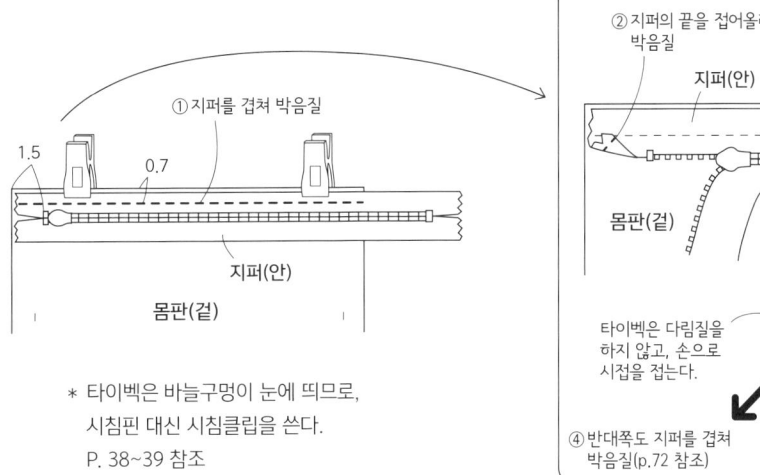

* 타이벡은 바늘구멍이 눈에 띄므로, 시침핀 대신 시침클립을 쓴다.
  P. 38~39 참조

② 손잡이와 태브를 시침질한다.

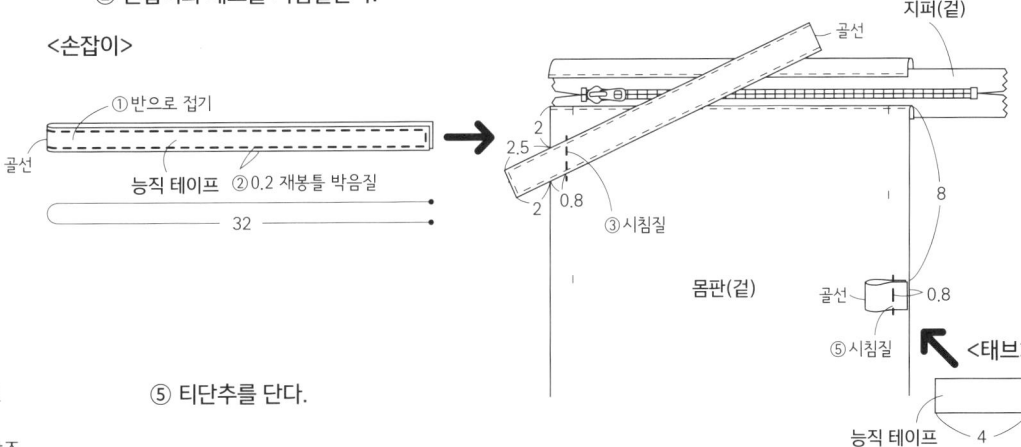

③ 옆을 박는다.   * P. 72 참조

④ 바닥을 박는다.   * P. 72 참조

⑤ 티단추를 단다.

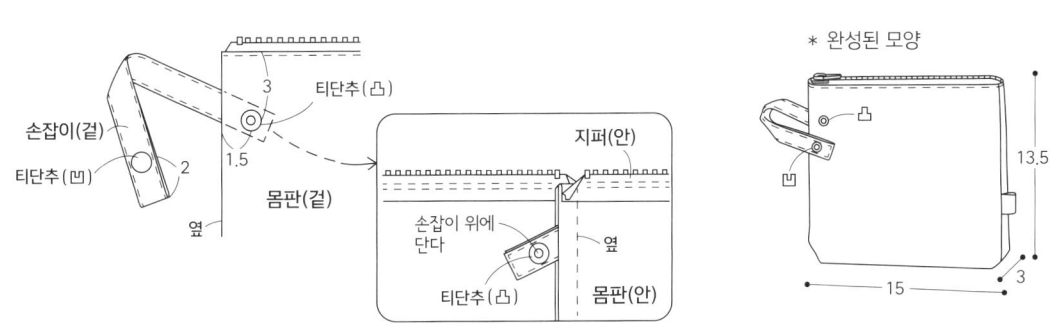

* 완성된 모양

비닐 파우치 Photo ▷ P.35

완성 사이즈
폭 15×높이 13.5×옆면 3cm

재료
두께 0.3cm 비닐 …20×30cm
컬러 스트라이프(초록&분홍) …45×15cm
접착심 …40×10cm
길이 20cm 지퍼 …1개
폭 0.5cm 새틴리본 …44cm

마름질과 치수

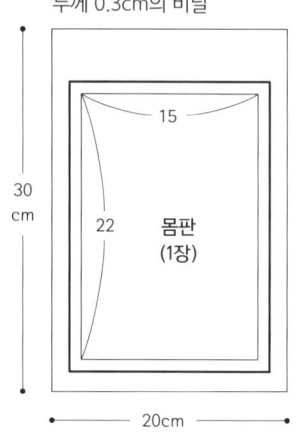
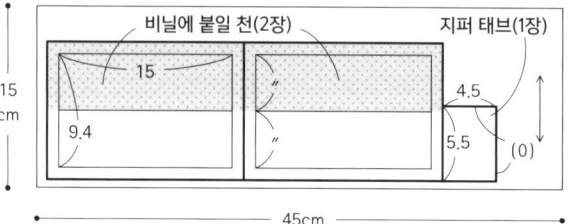

* 투명한 재봉틀 실을 사용하거나, 신축성이 좋은 옅은 색 레지론 실을 사용하면 눈에 띄지 않는다.
* 비닐은 바늘구멍이 눈에 띄므로, 시침핀 대신 시침클립을 사용한다.
  P. 38~39 참조

* ( ) 안은 시접. 지정된 것 이외에는 1cm를 넣는다.
* ▨ 안에는 접착심을 붙인다.

바느질 순서

① 천을 붙인다.

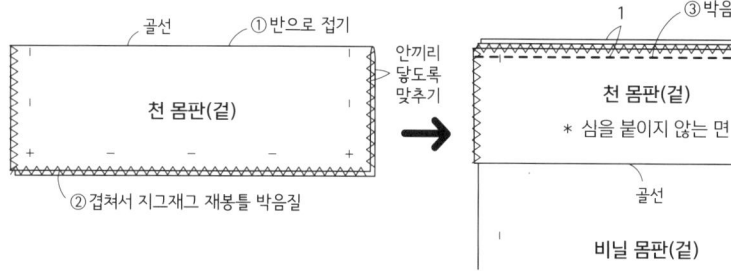

② 지퍼를 단다.
  * P. 72 참조

③ 옆을 박는다.
  * P. 72 참조

④ 바닥을 박는다.
  * P. 72 참조

⑤ 지퍼 끝에 태브를 붙인다.

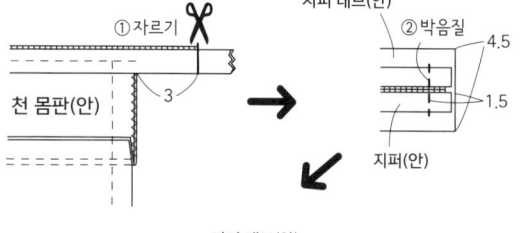
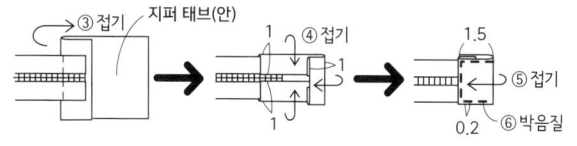

⑥ 손잡이에 리본을 단다.

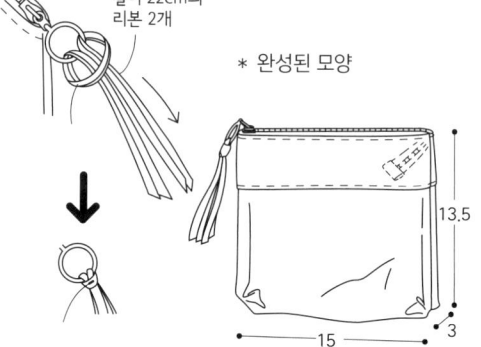

* 완성된 모양

프레임 파우치 Photo ▷ P.40

완성 사이즈
폭 14×높이 9cm(꼭지쇠 미포함)

실물 크기 패턴
【G】<1> 몸판

재료
리넨(빨강) …20×25cm
코튼(물방울무늬) …20×25cm
접착심 …40×25cm
금속 프레임(폭10.5×높이5.4cm) …1개
종이끈 …적당량

마름질과 치수

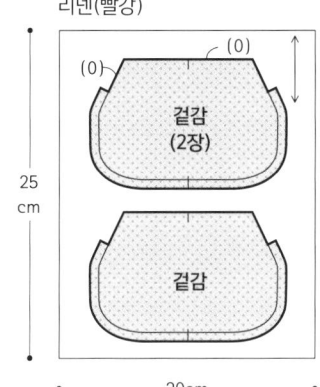
리넨(빨강)

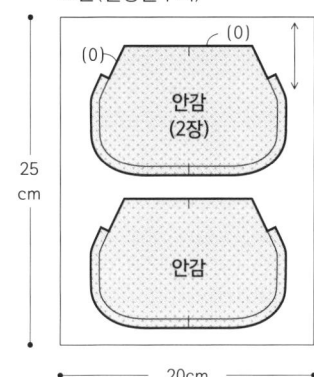
코튼(물방울무늬)

* ( ) 안은 시접. 지정된 것 이외에는 0.7cm를 넣는다.
* ▨ 안에는 접착심을 붙인다.

바느질 순서

① 겉주머니와 안주머니를 만든다.

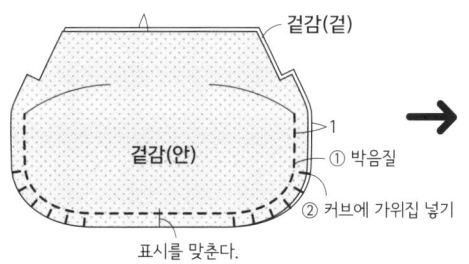 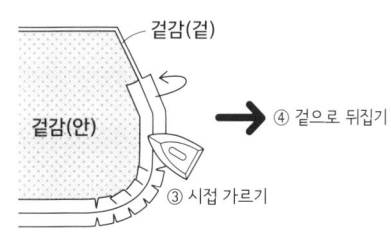 

⑤ 안감도 같은 방법으로 안주머니를 만든다. 단, 안주머니는 밖으로 뒤집는다.

② 겉주머니와 안주머니를 겉끼리 닿도록 놓고 옆을 박는다.

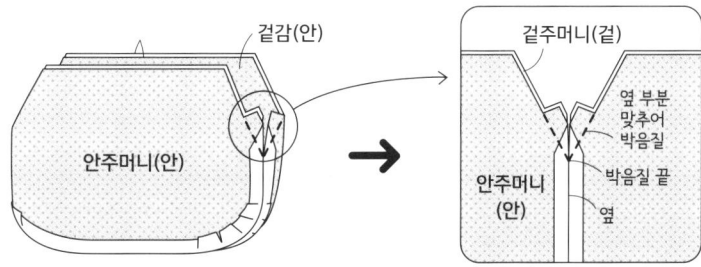

③ 겉으로 뒤집어 주머니 입구를 박는다.

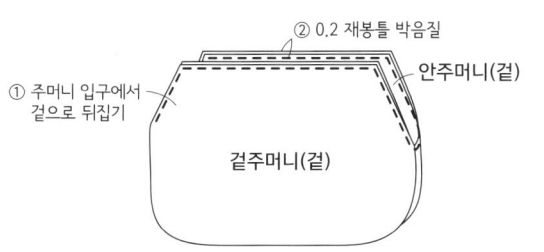

④ 프레임을 단다.
* P. 42~43 참조

* 완성된 모양

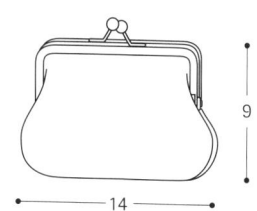

칸막이 파우치 Photo ▷ P.36

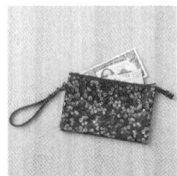

완성 사이즈

폭 19.5×높이 12cm(손잡이 미포함)

재료

무광 라미네이트(리버티 프린트)…90×30cm
브로드(회색)…70×20cm
길이 30cm 플랫니트 지퍼 …1개
가죽 파우치용 손잡이 …1개
안쪽 지름 1.3cm D링 …1개

마름질과 치수

무광 라미네이트(리버티 프린트)

브로드(회색)

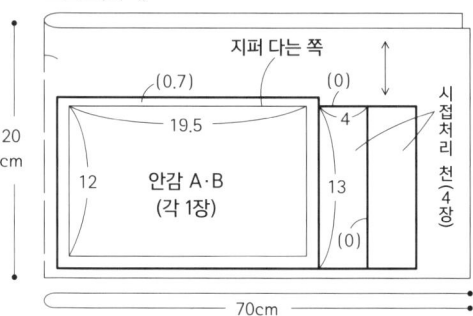

* 라미네이트는 바늘구멍이 눈에 띄므로, 시침핀 대신 시침 클립을 사용한다. P.38~39 참조
* ( )안은 시접. 지정된 것 이외는 1cm 넣는다.

바느질 순서

① 손잡이 태브를 만든다.

② 지퍼를 단다.

슬라이더를 내려놓고, 반대쪽도 똑같이 만든다.

③ 시접을 처리하는 천을 박는다.

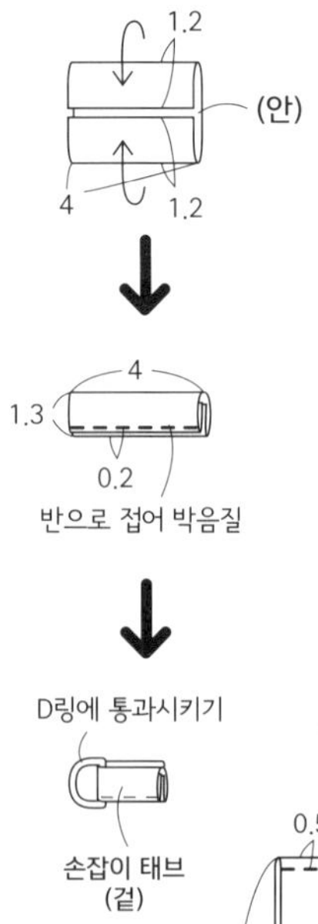

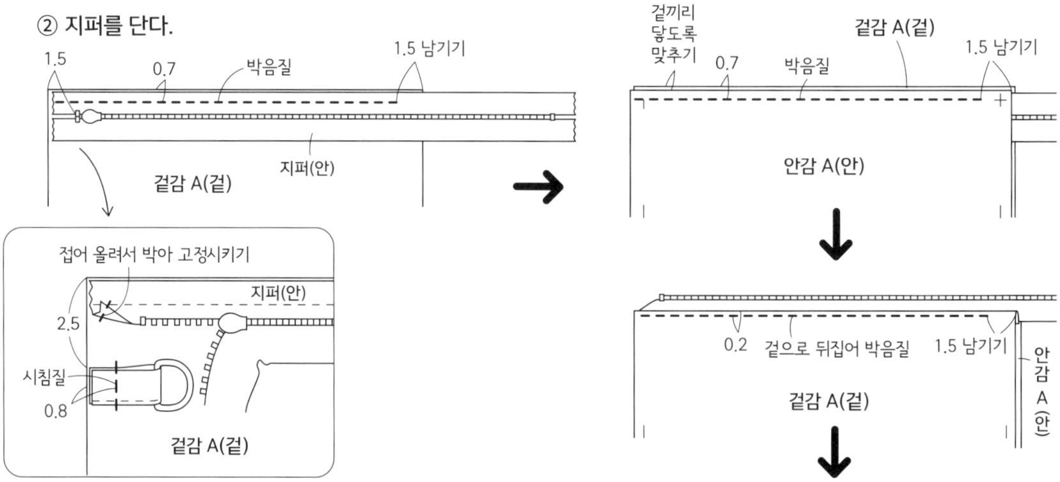

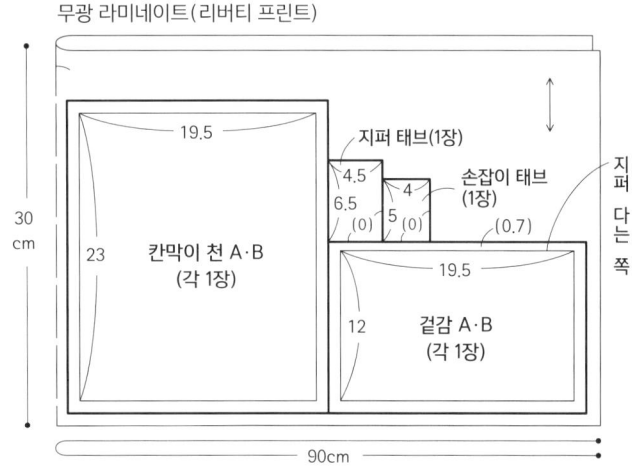

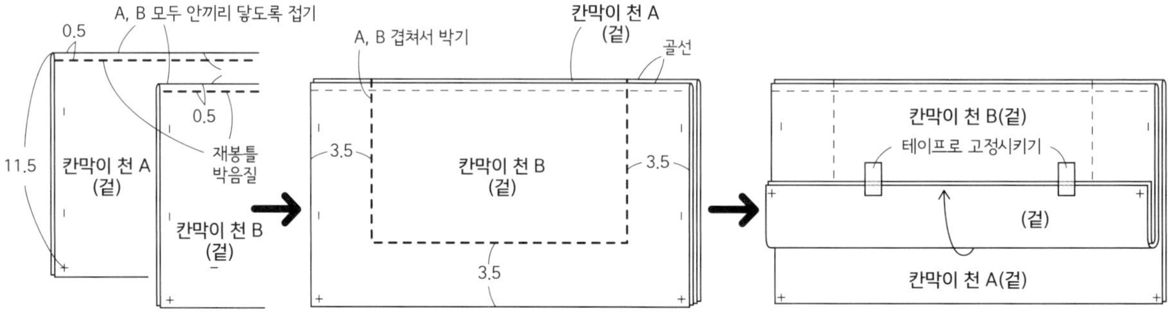

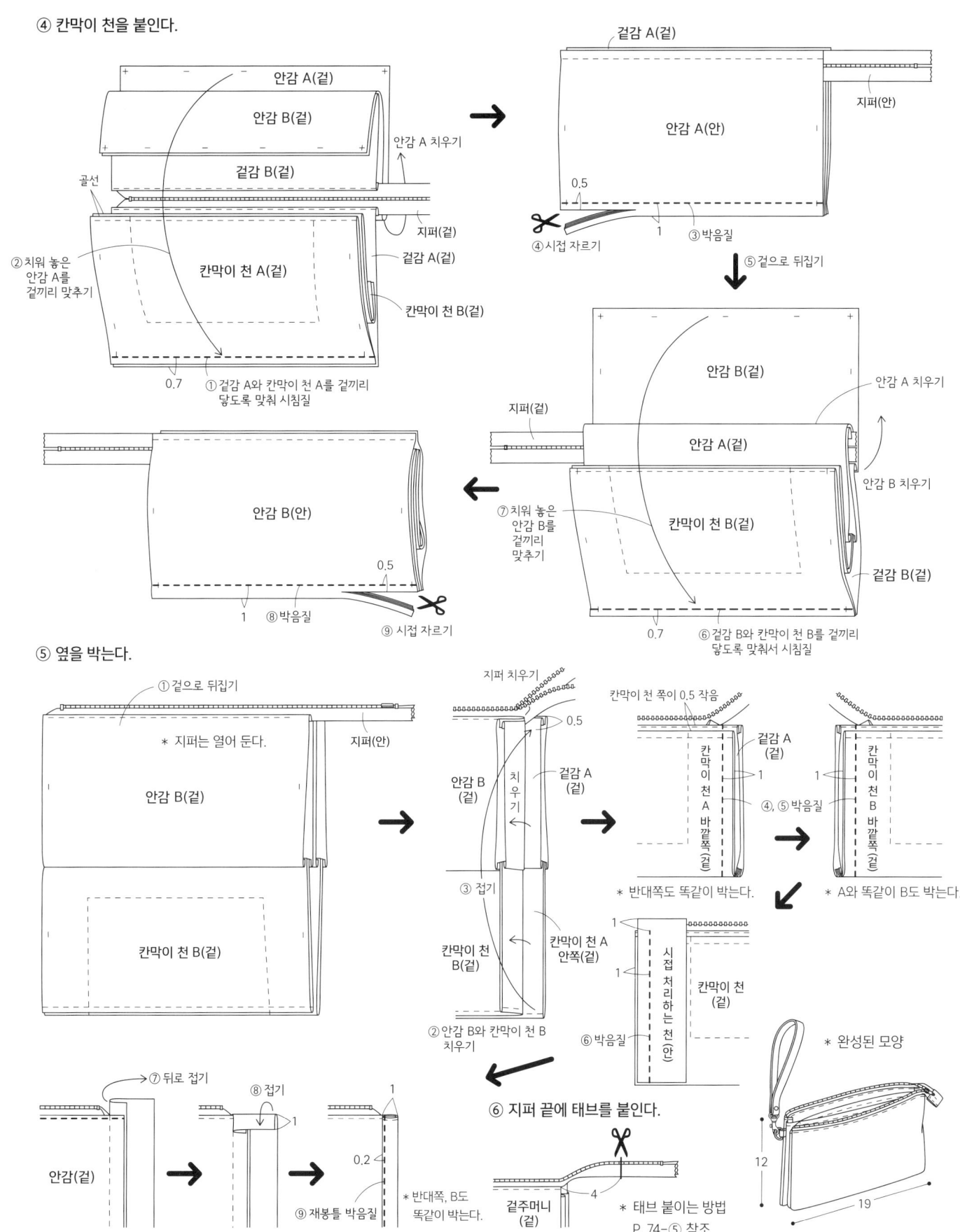

화장품 파우치 Photo ▷ P.37

완성 사이즈
폭 15×높이 11.3×옆면 7cm

실물 크기 패턴
【F】 <1> 몸판, <2> 스토퍼

재료
라미네이트(프린트) …80×20cm
나일론(베이지) …110cm 폭×25cm
길이 40cm 코일 지퍼 …1개
폭 1.1cm 테두리 바이어스테이프 …35cm×2개
4콜 납작고무 …20cm
0.3cm 폭의 양면테이프 …적당량

 **마름질과 치수**

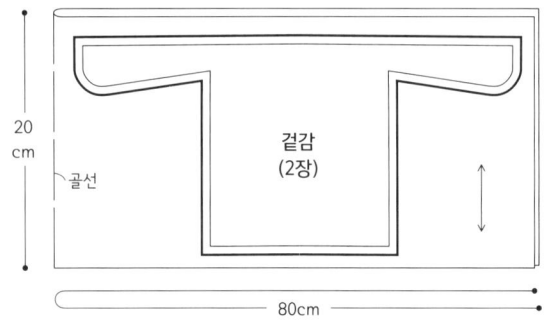

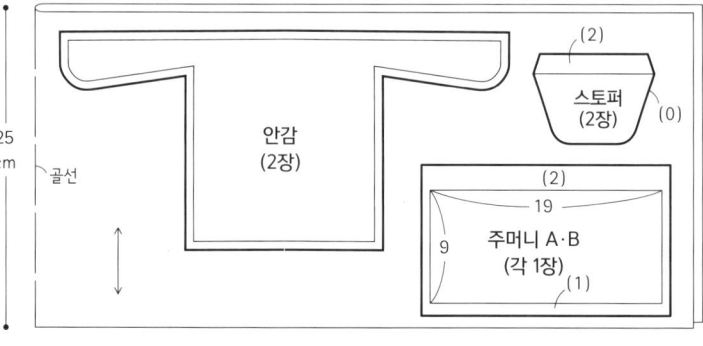

* 라미네이트는 바늘구멍이 눈에 띄므로, 시침핀 대신 시침 클립을 사용한다. P.38~39 참조
* ( )안은 시접. 지정된 것 이외는 0.7cm 넣는다.

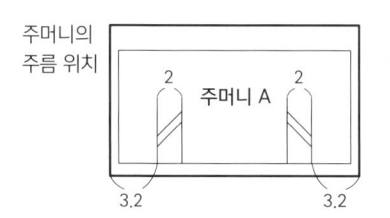
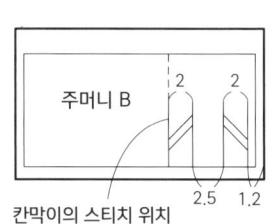

바느질 순서

① 주머니를 만들어 안감에 붙인다.

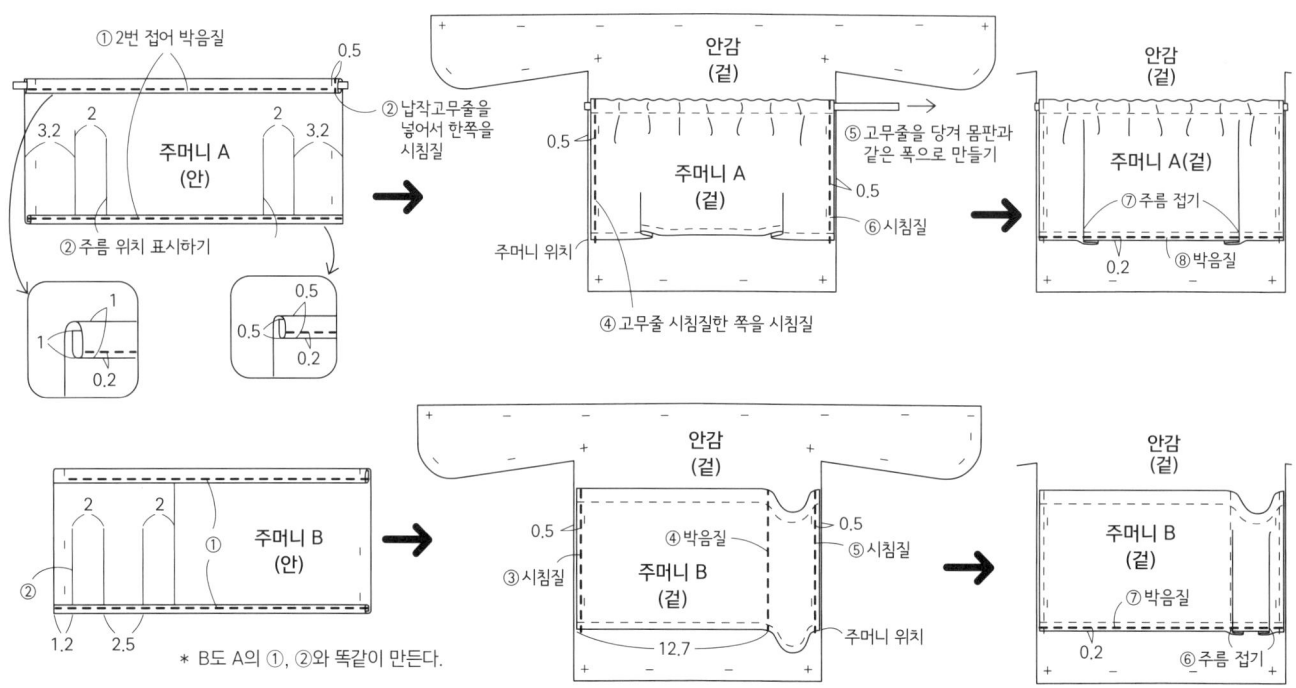

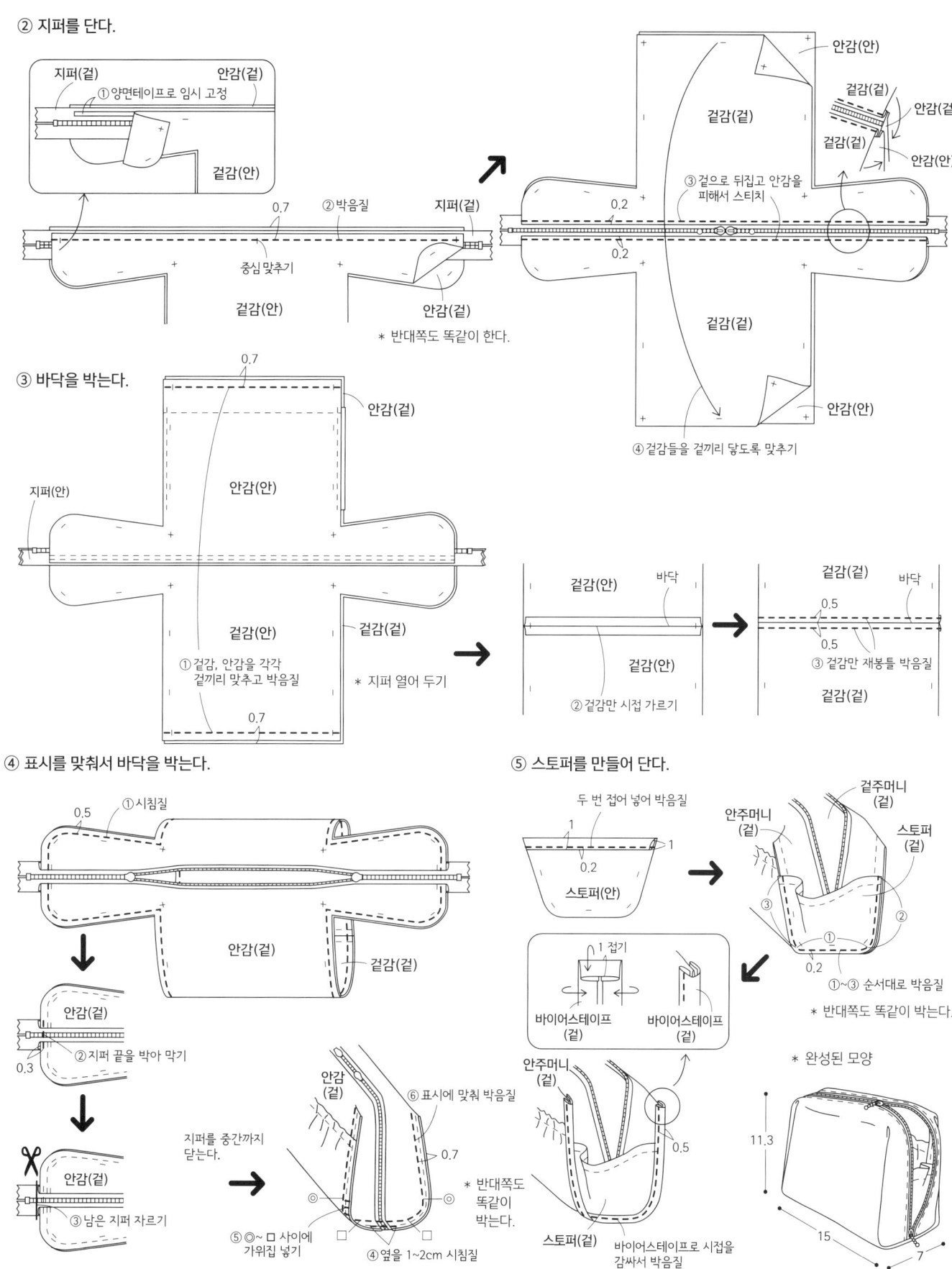

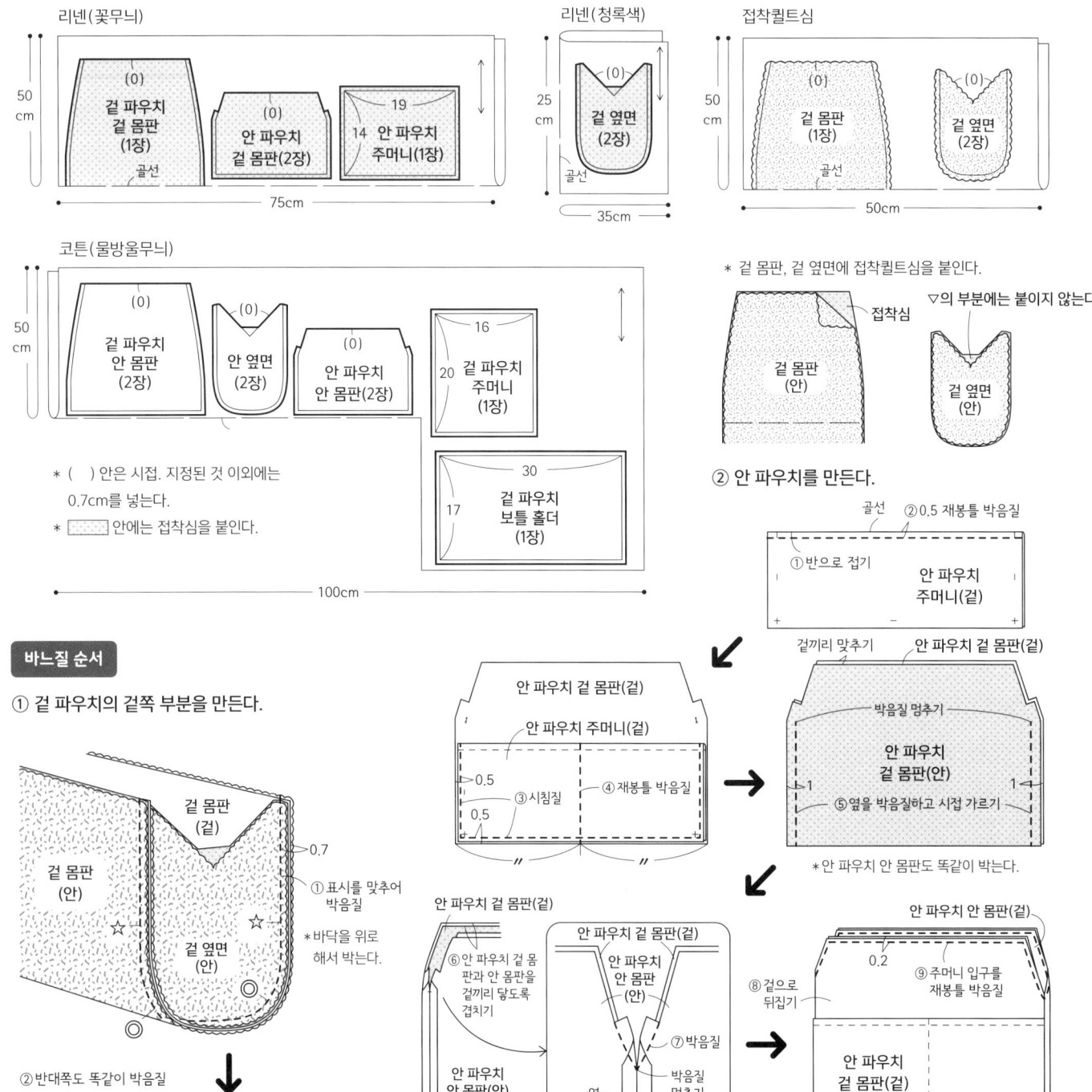

③ 겉 파우치 안 몸판에 보틀 홀더를 단다.

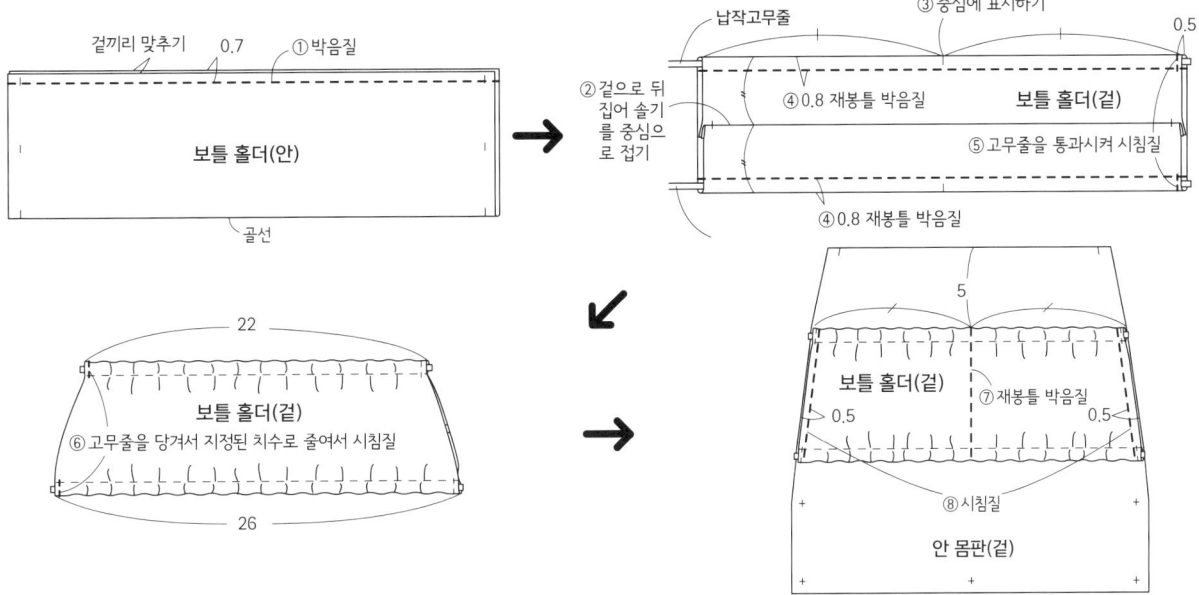

④ 겉 파우치 안 몸판에 주머니를 붙인다.

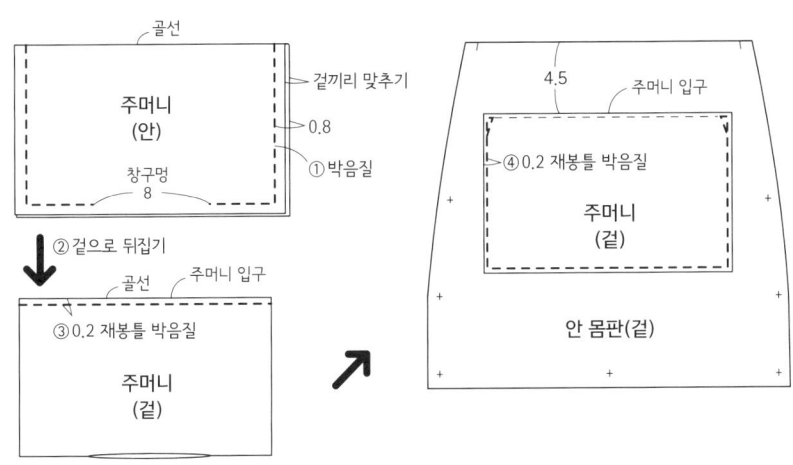

⑤ 겉 파우치 안 몸판과 안 파우치를 박는다.

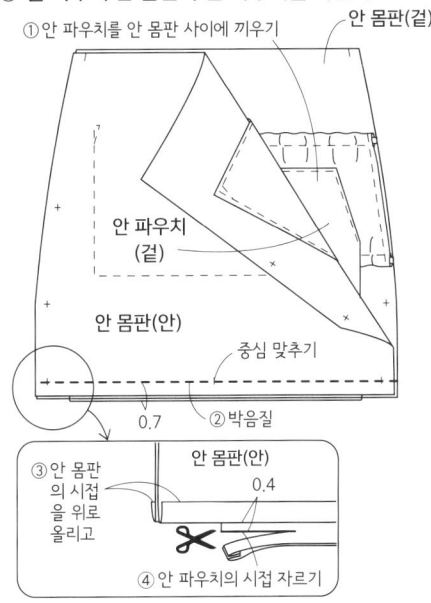

⑥ 겉 파우치의 안쪽 부분을 만들고, 겉쪽 부분과 맞춰서 박는다.

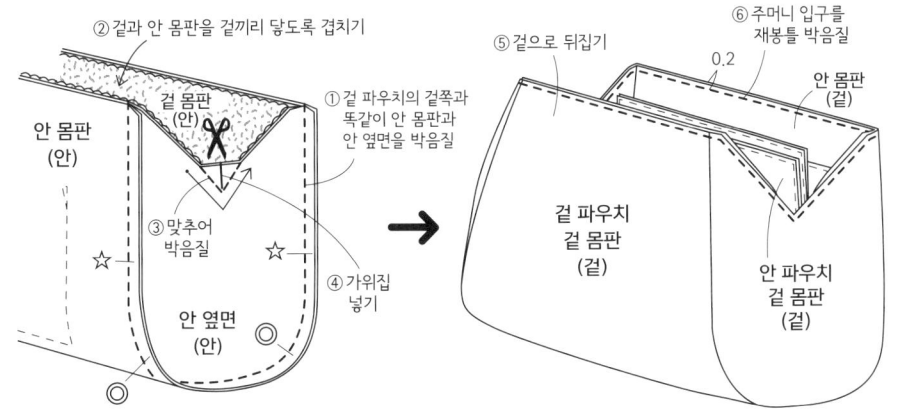

⑦ 프레임을 단다.

* 안 파우치, 겉 파우치 순서대로 프레임을 단다. 프레임 다는 방법은 P.42~43 참조

* 완성된 모양

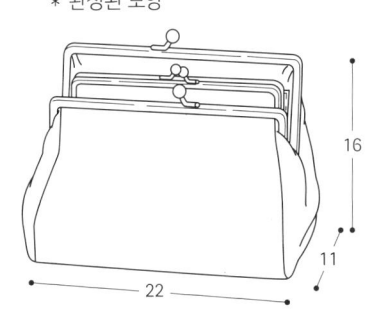

A5 파우치 Photo ▷ P.46

완성 사이즈
폭 20×높이 24×옆면 4cm(꼭지쇠 미포함)

실물 크기 패턴
【Ⅰ】<1> 몸판

재료
11호 캔버스(진노랑)…90×30cm
코튼(물방울무늬)…80×30cm
접착심…70×30cm
금속 프레임(폭 18×높이 9cm)…1개
종이끈…적당량

마름질과 치수

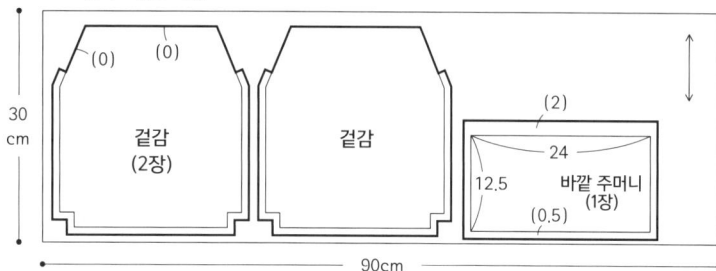

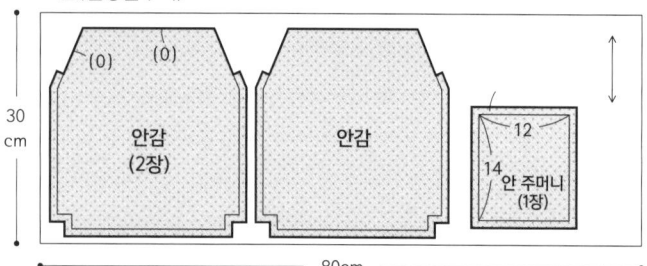

* ( ) 안은 시접. 지정된 것 이외에는 1cm를 넣는다.
* ▨ 안에는 접착심을 붙인다.

바느질 순서

① 바깥 주머니를 붙인다.

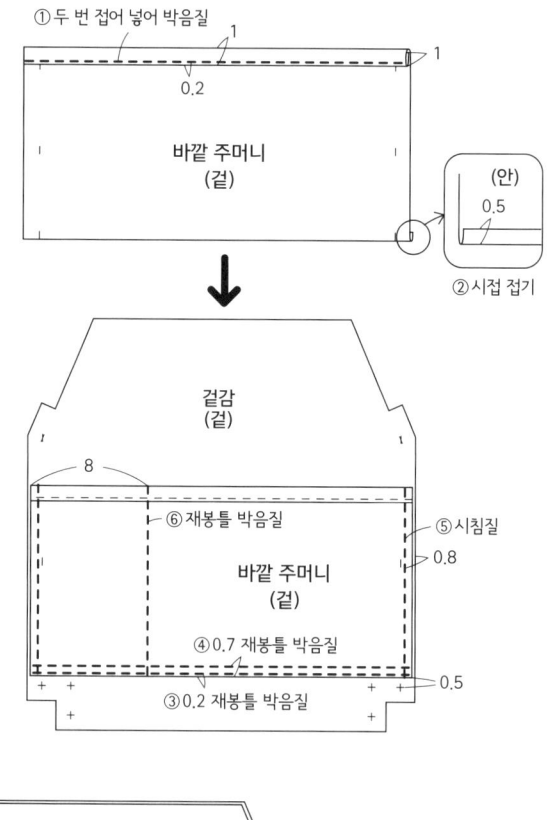

② 겉 주머니를 만든다.

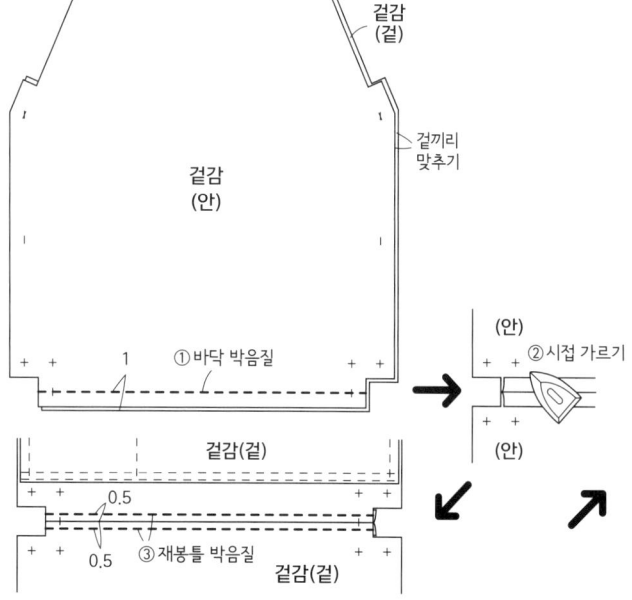

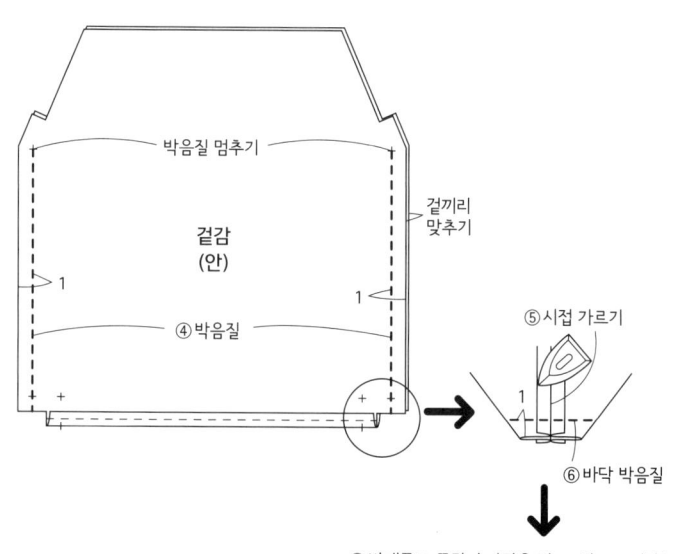

⑦ 반대쪽도 똑같이 바닥을 박고, 겉으로 뒤집는다.

③ 내부 주머니를 단다.

④ 안 주머니를 만든다.

⑤ 겉 주머니와 안 주머니의 옆을 박는다.

⑥ 주머니 입구를 박는다.

⑦ 프레임을 단다.

* 프레임 다는 방법은 P.42~43 참조

* 완성된 모양

교통카드+열쇠 파우치 Photo ▷ P.47

완성 사이즈
폭 8.8×높이 12.5cm

재료
타나론면(리버티 프린트)…50×30cm
코튼 리넨(베이지)…15×30cm
접착심…25×25cm
폭 8.5cm 바네…1개
고리 달린 릴 키 홀더…1개
안지름 1.1cm 고리…1개
지름 1.5cm 링…1개
안지름 0.6cm 고리…1개
지름 1.4cm 트윈링…1개

마름질과 치수

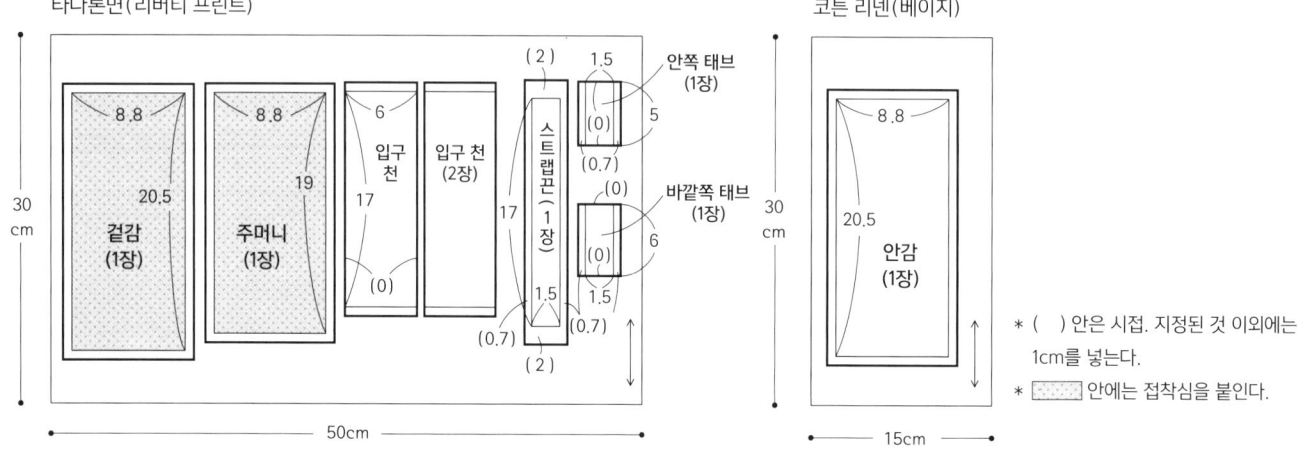

* ( ) 안은 시접. 지정된 것 이외에는 1cm를 넣는다.
* ░░░ 안에는 접착심을 붙인다.

바느질 순서

① 주머니를 겉감에 붙인다.

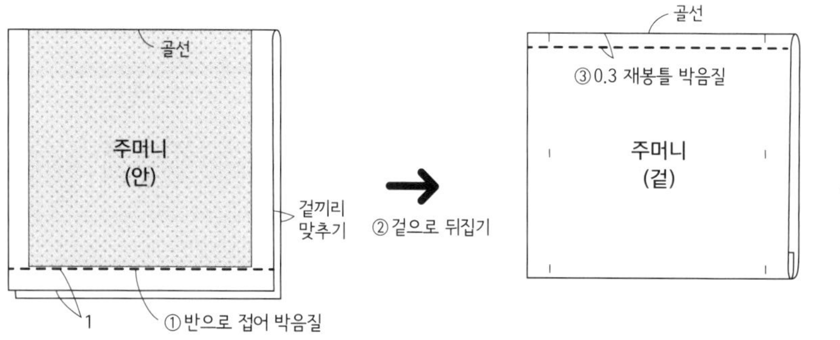

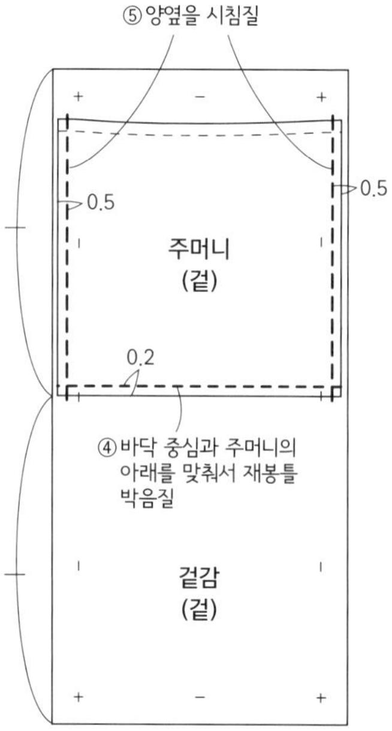

② 스트랩과 태브를 만든다.

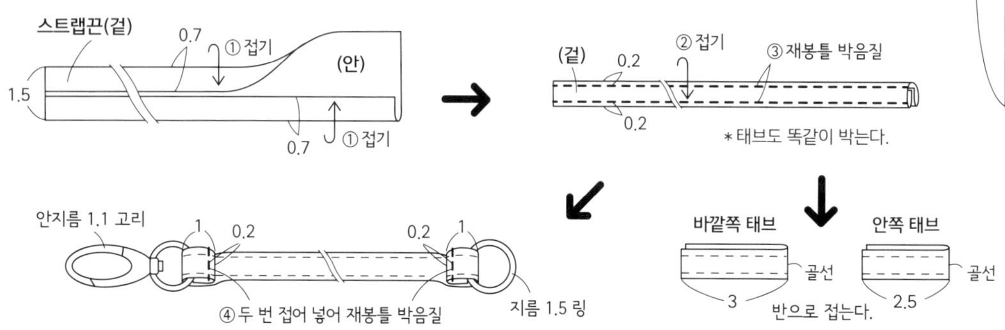

③ 입구천을 만들어 붙인다.

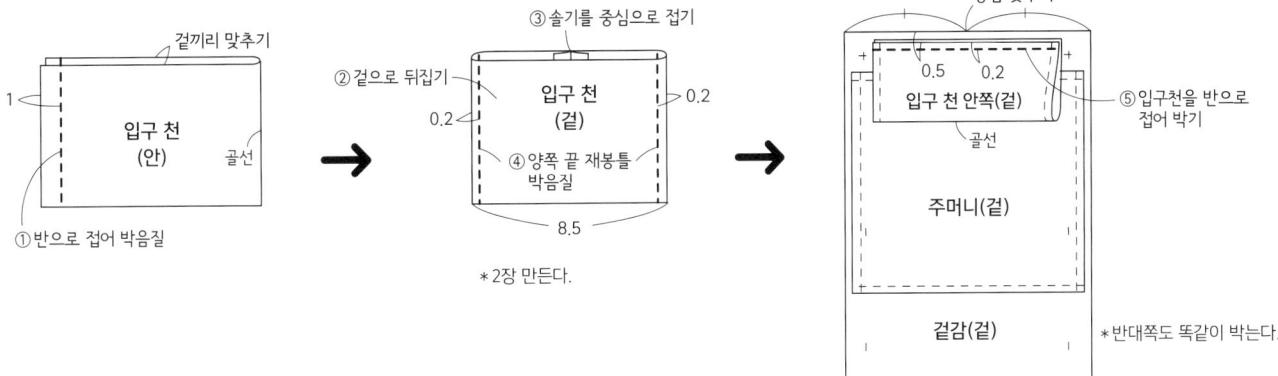

④ 태브를 시침질한다.

⑤ 겉감과 안감을 맞춰서 박는다.

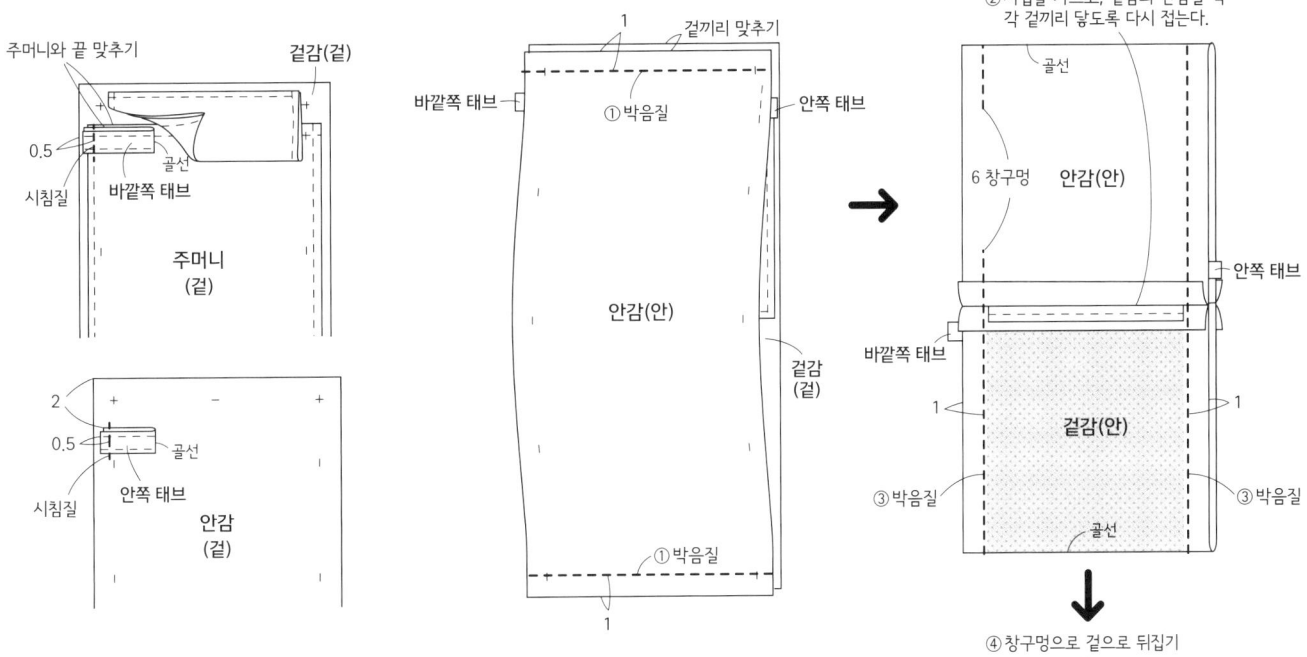

⑥ 주머니 입구를 박는다.

⑦ 바네를 끼운다.

⑧ 키 홀더를 붙인다.

건강 파우치 Photo ▷ P.48

완성 사이즈
폭 12×높이 17cm(접은 상태)

실물 크기 패턴
【 J 】<1> 플랩

재료
코튼(스트라이프) …19×36cm
코튼(꽃무늬) …23×26cm
코튼(빨간 물방울무늬) …19×22cm
코튼(하얀 물방울무늬) …19×37cm

길이 20cm 플랫니트 지퍼 …1개
지름 1.2cm 티단추 …1쌍
접착퀼트심 …10×7cm

마름질과 치수

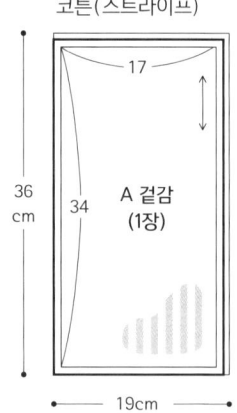

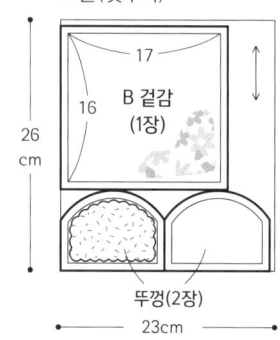
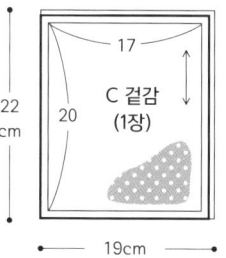
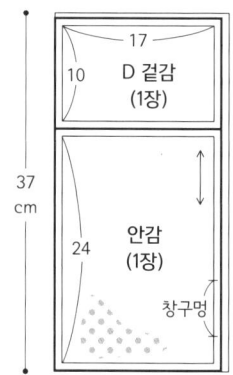

* 시접은 0.7cm를 넣는다.
* ▨ 안에는 접착퀼트심을 붙인다.

바느질 순서

① 뚜껑을 만든다.

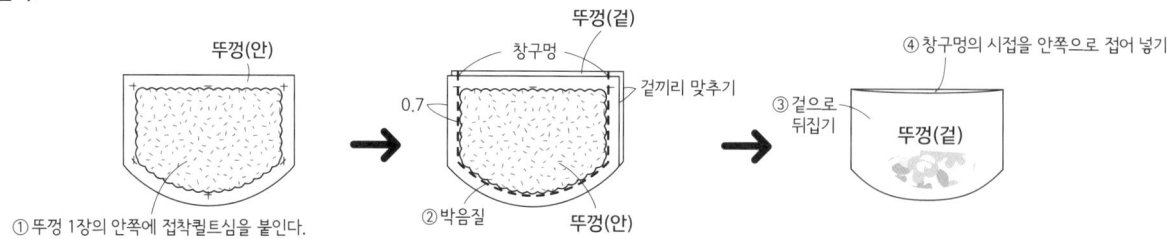

② 겉감 A~D를 맞춰서 연결한다.

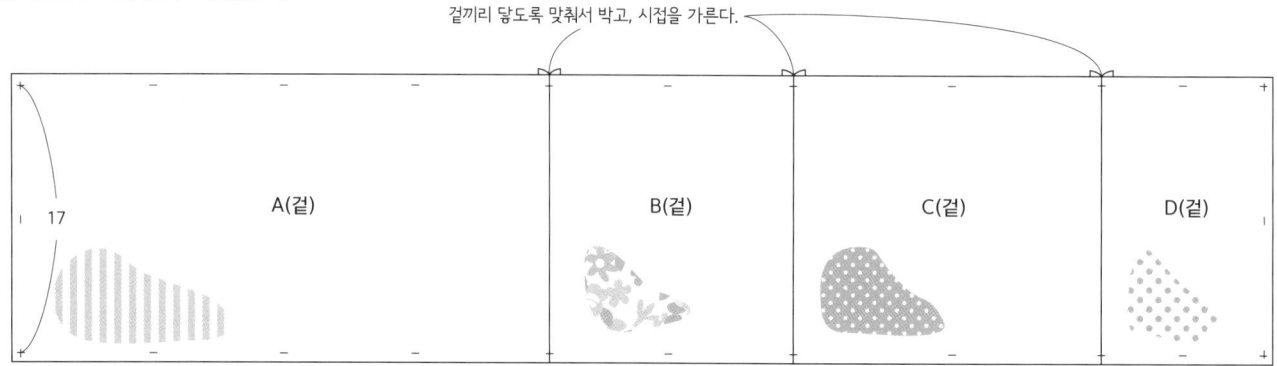

③ 뚜껑을 붙인다.

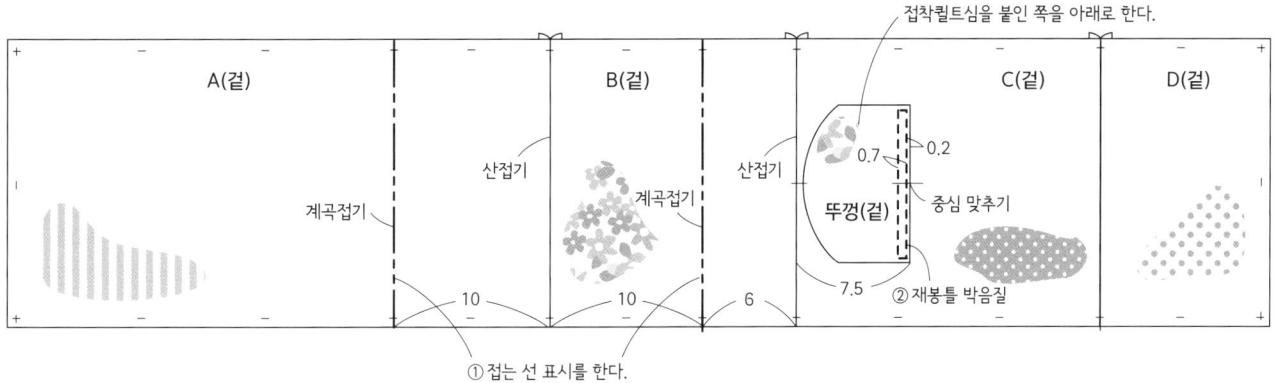

④ 겉감을 접어 준다.

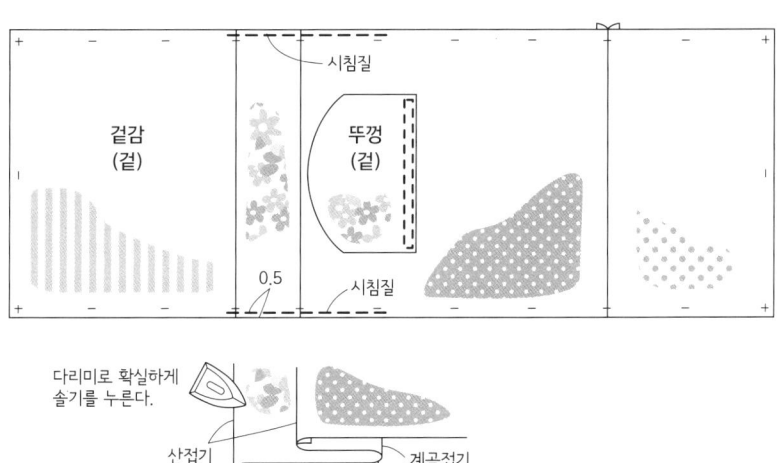

⑤ 안감과 맞춰서 지퍼를 붙인다.

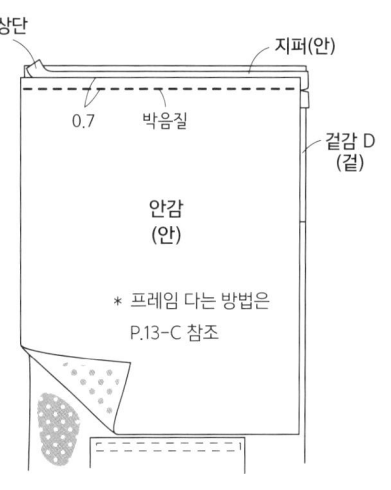

⑥ 옆을 박는다.

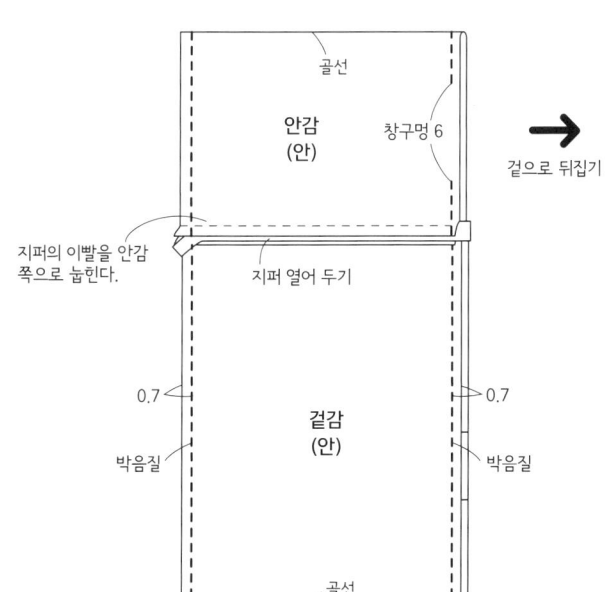

⑦ 티단추를 단다.

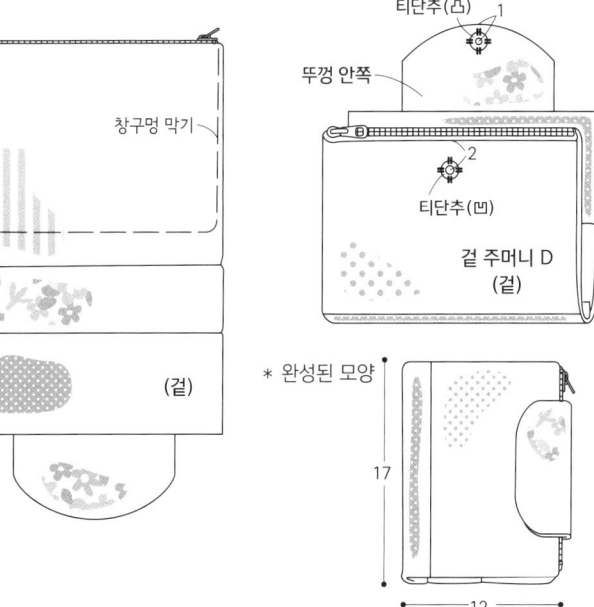

열쇠 파우치 Photo ▷ P.50

완성 사이즈
폭 6×높이 4×옆면 3cm

재료
리넨(분홍) …10.4×7.8cm
리넨(스트라이프) …10.4×7.4cm
코튼(물방울무늬) …10.4×12.4cm
코튼(물방울무늬 랜덤) …4.8×13cm

접착퀼트심 …9×11cm
길이 10cm 플랫니트 지퍼 …1개
폭 1.2cm 태브용 테이프 …4cm
지름 1.5cm 트윈링 …1개

마름질과 치수

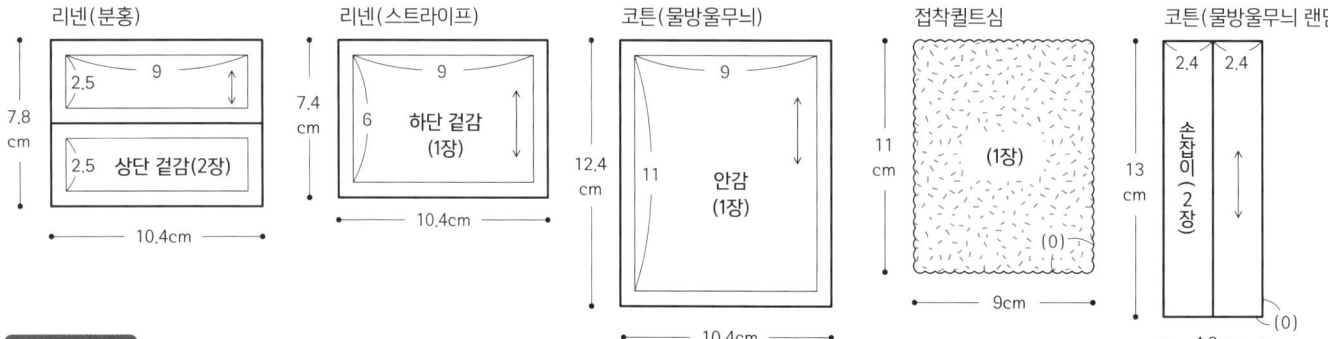

* ( ) 안은 시접. 지정된 것 이외에는 0.7cm를 넣는다.

바느질 순서

① 손잡이를 만든다.

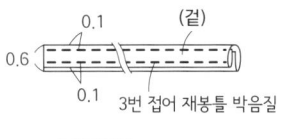

* 2개 만든다.

② 겉감을 만든다.

③ 지퍼를 단다.

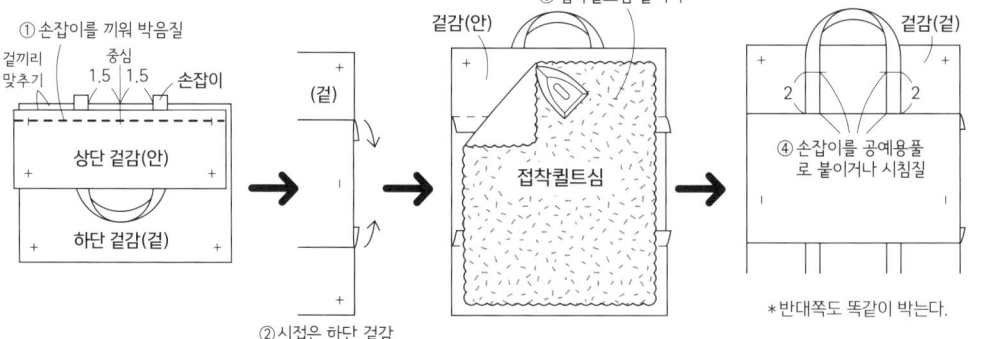

* 박음질 방법 P. 13-C-⑤ 참조

④ 옆을 박는다.

⑤ 바닥을 박는다.

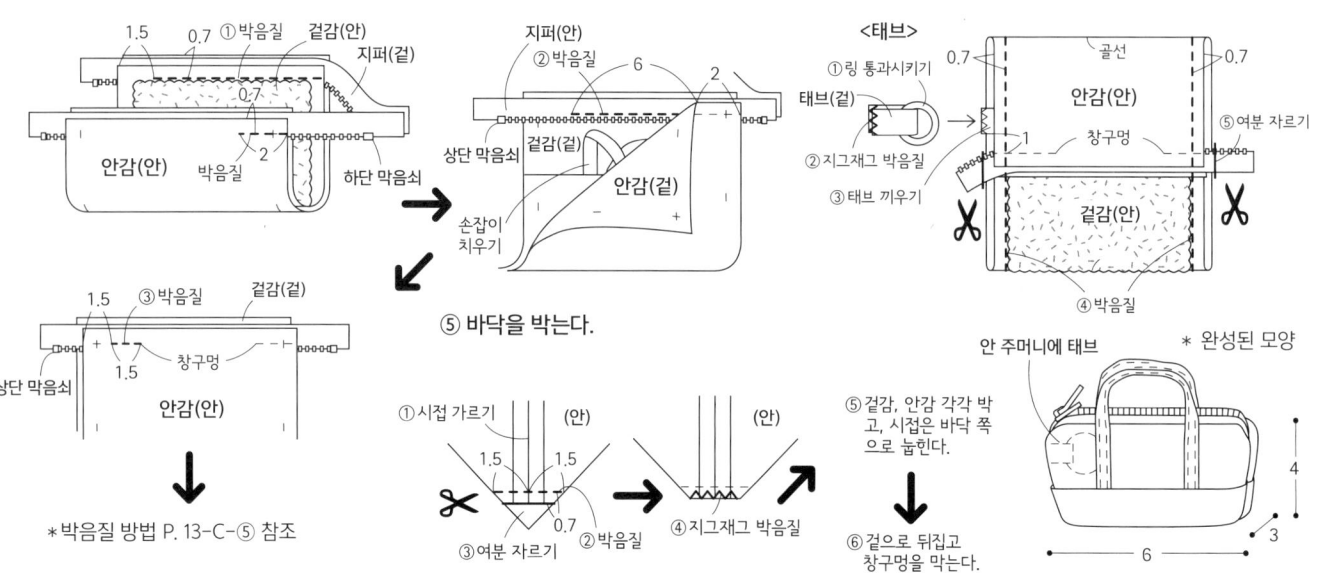

주머니 파우치 Photo ▷ P.51

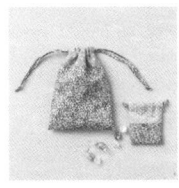

완성 사이즈
<대> 폭 12×높이 16cm
<소> 폭 6×높이 8cm

재료
<대>
타나론면(리버티 프린트)…18×40cm
코튼(스트라이프)…14×26cm
코튼(물방울무늬)…14×20cm

<소>
타나론면(리버티 프린트)…12×20cm
코튼(스트라이프)…8×10cm
코튼(물방울무늬)…8×20cm

마름질과 치수

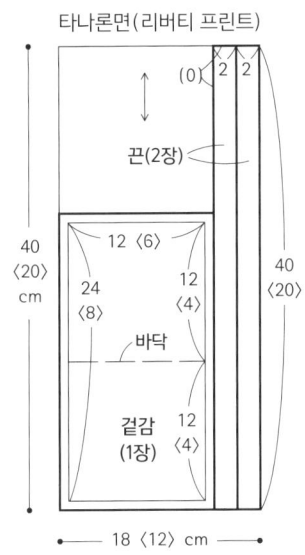
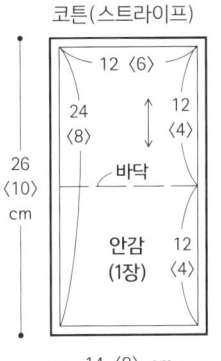
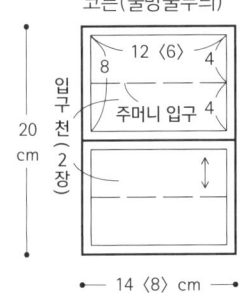

* < > 안은 작은 파우치의 치수. 작은 파우치의 치수가 따로 표기되지 않은 부분은 큰 것과 같은 치수이다.
* ( ) 안은 시접. 지정된 것 이외에는 1cm를 넣는다.

바느질 순서

① 몸판과 입구 천을 박는다.

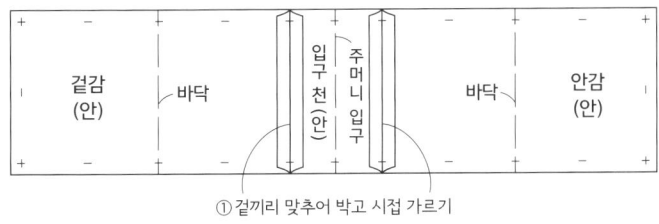

② 옆을 박아서 끈 끼우는 곳을 만든다.

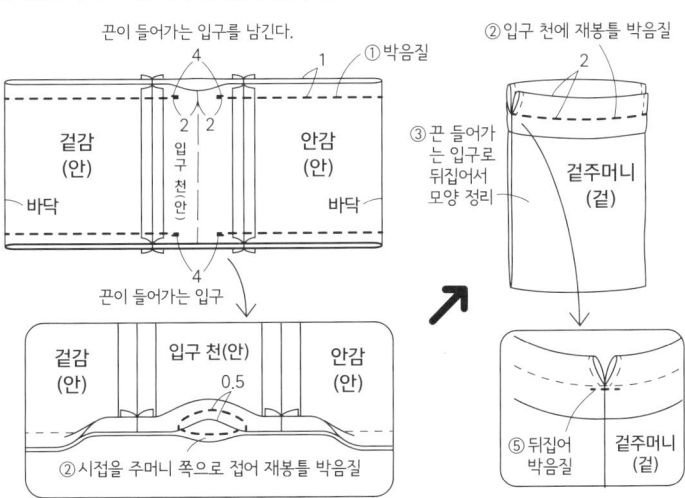

③ 끈을 만들어서 통과시킨다.

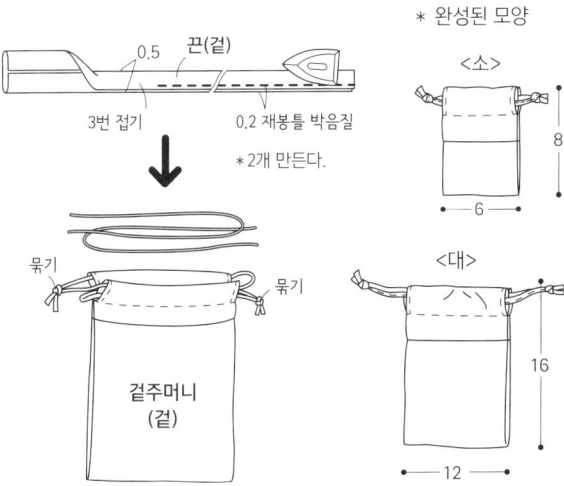

* 완성된 모양

코바늘 파우치 Photo ▷ P.52

완성 사이즈
폭 27×높이 18cm(끈 미포함)

재료
컬러 리넨(아이보리색) ···60×25cm
타나론면(리버티 프린트) ···70×35cm
접착심 ···70×50cm

마름질과 치수

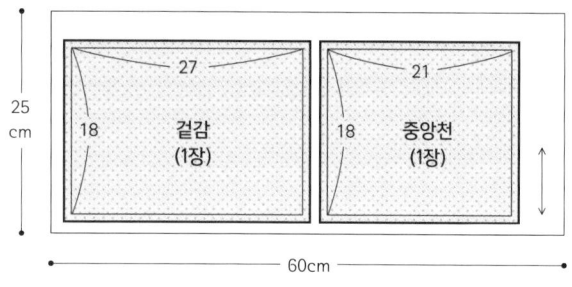

* ( ) 안은 시접. 지정된 것 이외에는 1cm를 넣는다.
* 안에는 접착심을 붙인다.

바느질 순서

① 손잡이를 만든다.

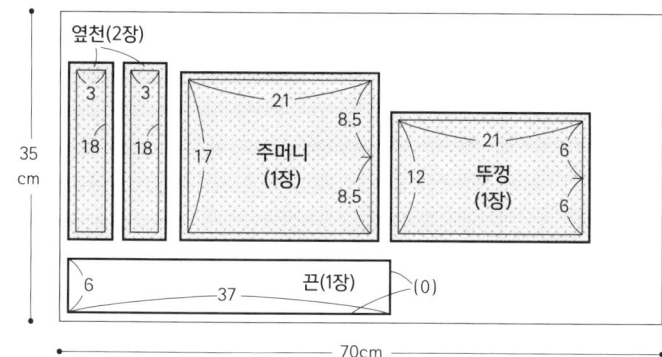

② 주머니를 붙인다.

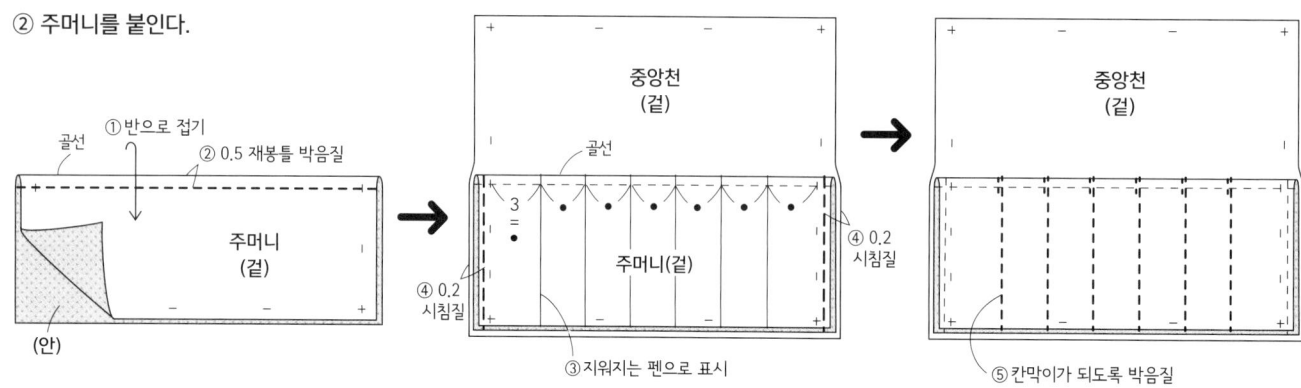

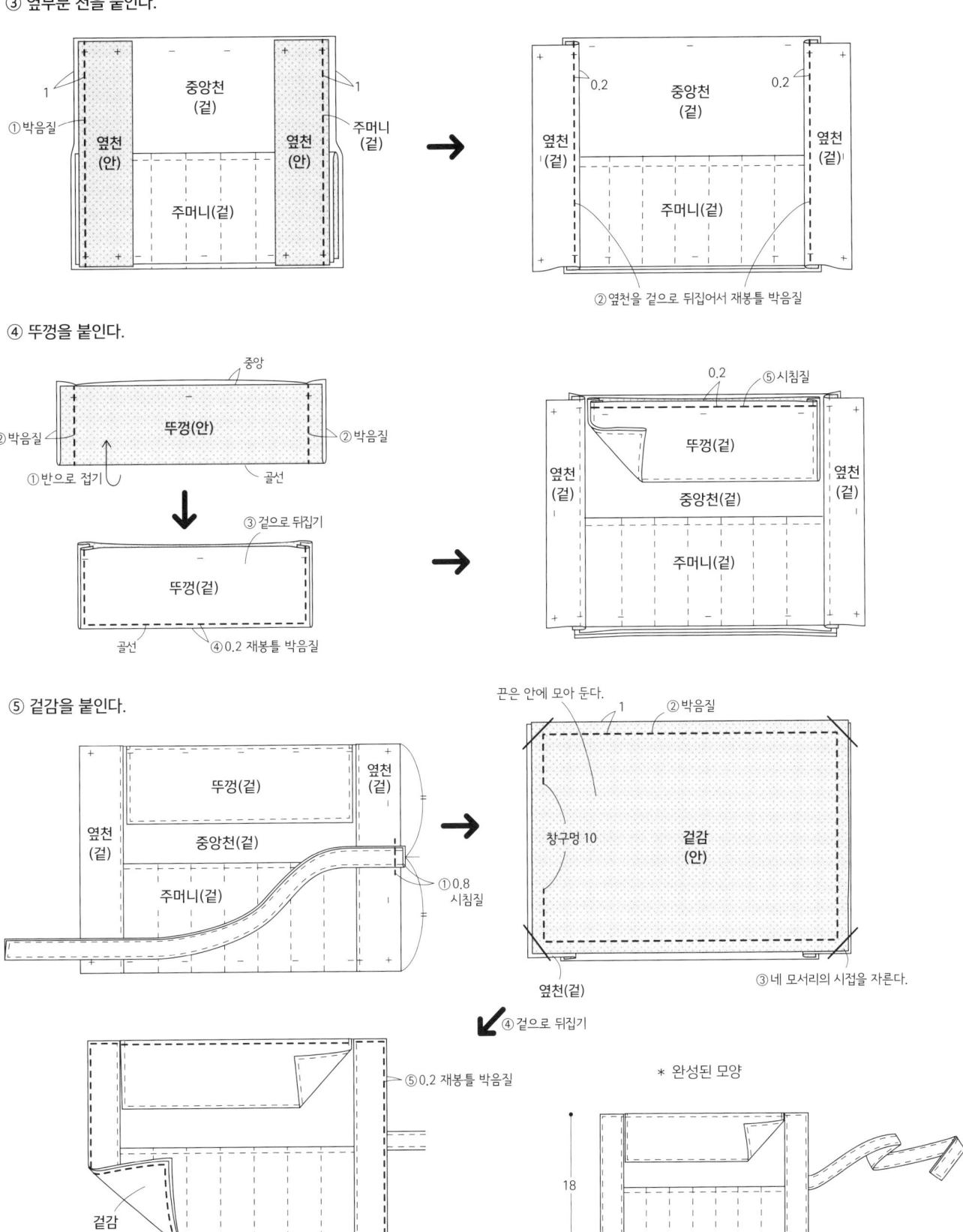

테트라 파우치 A Photo ▷ P.53

완성 사이즈
폭 14×높이 14×깊이 14cm
(스트랩 미포함)

재료
코튼(체크무늬) …40×20cm
시팅(베이지) …30×20cm
접착퀼트심 …30×20cm
길이 12cm 금속 지퍼 …1개
안지름 1cm 고리 …1개

지름 2cm 링 …1개
지름 0.1cm 왁스코드 …20cm
지름 1.2cm 둥근 비즈 …1개
지름 1cm 납작 비즈 …2개

마름질과 치수

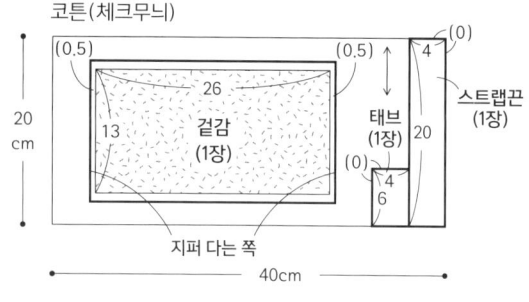
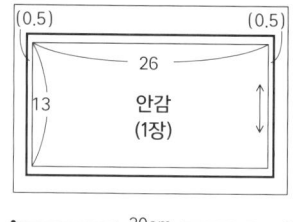

* ( ) 안은 시접. 지정된 것 이외에는 1cm를 넣는다.
* 안에는 접착퀼트심을 붙인다.

바느질 순서

① 스트랩을 만든다.

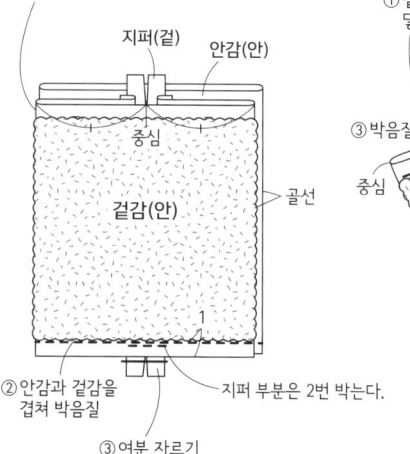

② 지퍼를 단다.

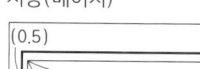
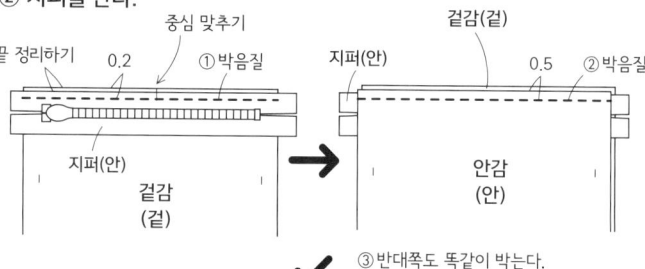

③ 바닥을 박는다.

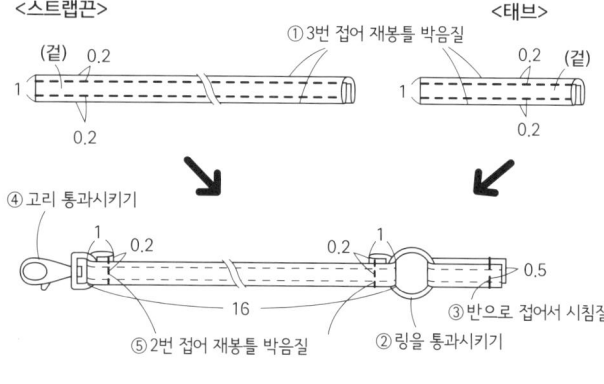

④ 뒤쪽을 박는다.

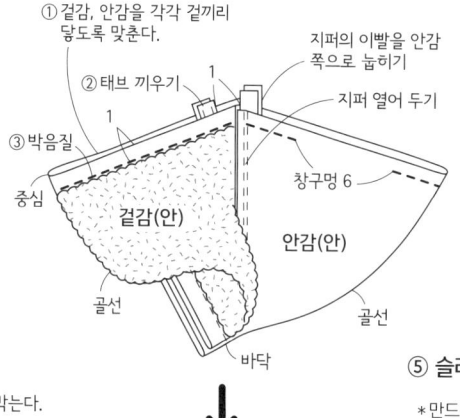

⑤ 슬라이더 장식을 단다.

*만드는 법은 P.93 참조

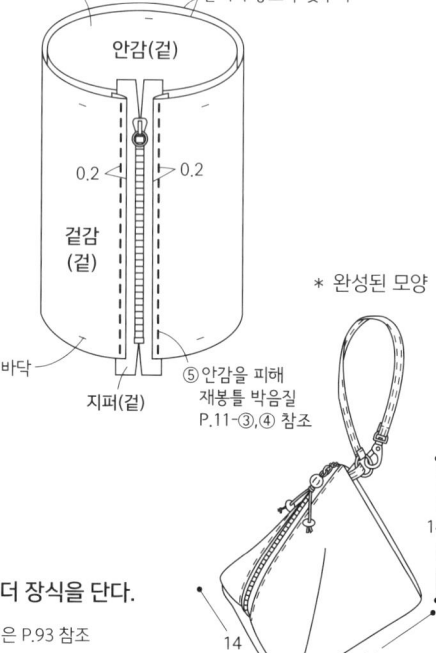

테트라 파우치 B Photo ▷ P.53

완성 사이즈
폭 12.5×높이 28×깊이 12.5cm
(스트랩 미포함)

재료
코튼(꽃무늬) …40×35cm
보온·보냉시트 …30×30cm
접착심 …30×30cm
길이 27cm 금속 지퍼 …1개
안지름 1cm 고리 …1개
지름 2cm 링 …1개
지름 0.1cm 왁스코드 …20cm
지름 1.2cm 둥근비즈 …1개
지름 1cm 평평한 비즈 …2개

마름질과 치수

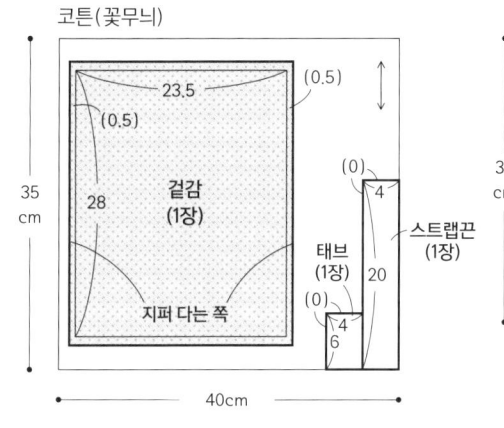

* ( ) 안은 시접. 지정된 것 이외에는 1cm를 넣는다.
* ▨ 안에는 접착심을 붙인다.

바느질 순서

① 스트랩을 만든다.
  * P. 92 참조

② 지퍼를 단다.
  * P. 92 참조
  * 지퍼는 긴 쪽에 단다.

③ 스트랩을 시침질한다.

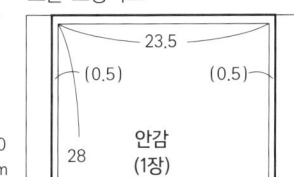

④ 상단을 박는다.

⑤ 바닥을 박는다.

⑥ 슬라이더 장식을 단다.

* 완성된 모양

베이글 파우치 Photo ▷ P.54

완성 사이즈
폭 약 12×높이 12×옆면 12cm

재료
타나론면(리버티 프린트)…35×50cm
코튼 리넨(베이지)…55×50cm
길이 20cm 금속 지퍼 …1개
접착심 …22×45cm

마름질과 치수

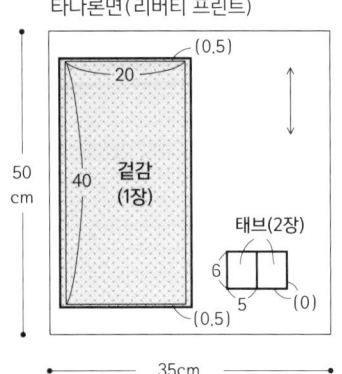
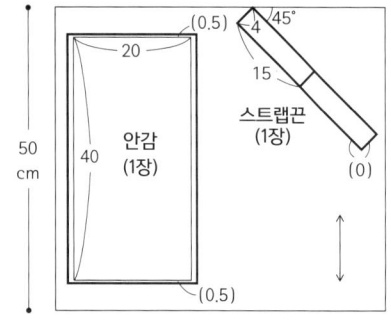

* ( ) 안은 시접. 지정된 것 이외에는 1cm를 넣는다.
* 안에는 접착심을 붙인다.

바느질 순서

① 지퍼를 붙인다.

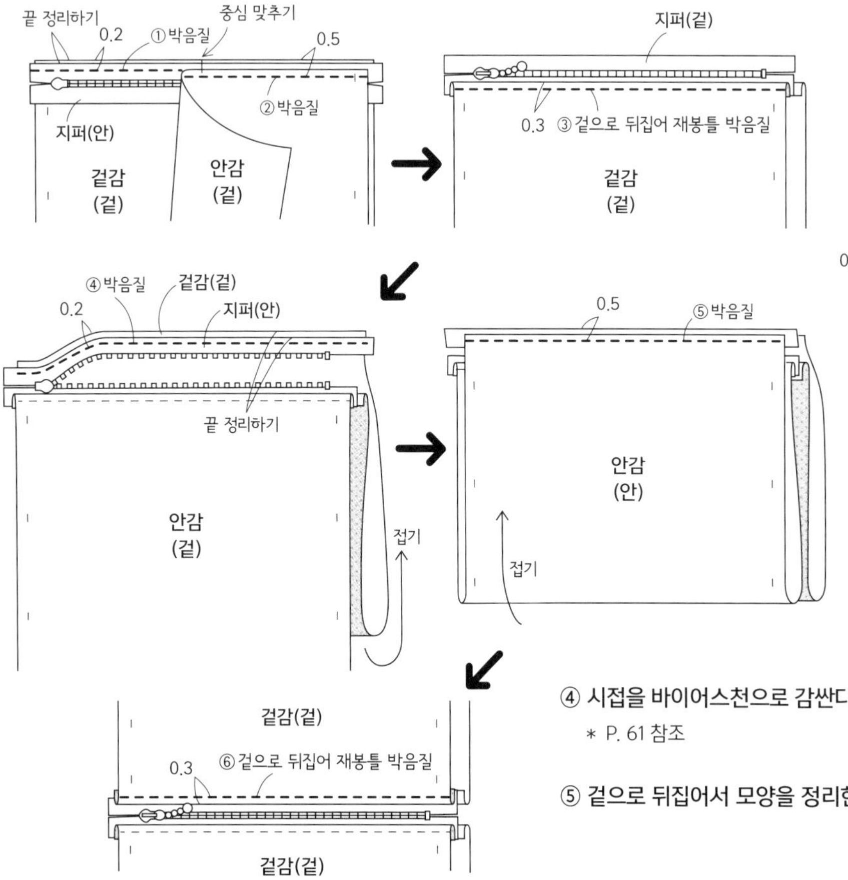

② 태브를 붙인다.
  * P. 61 참조

③ 잘라서 접어 옆을 박는다.

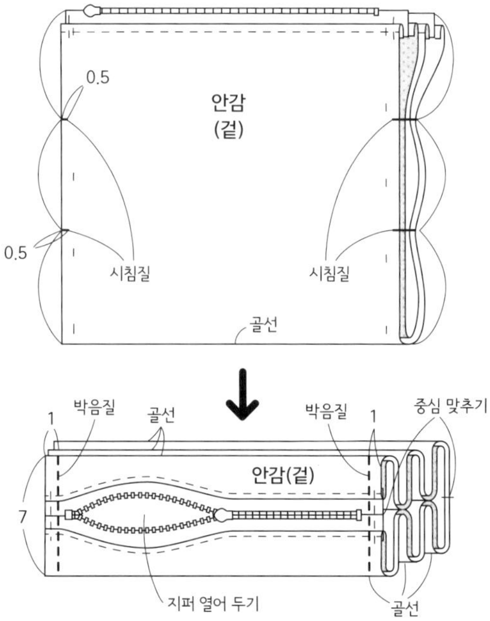

④ 시접을 바이어스천으로 감싼다.
  * P. 61 참조

⑤ 겉으로 뒤집어서 모양을 정리한다.

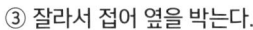

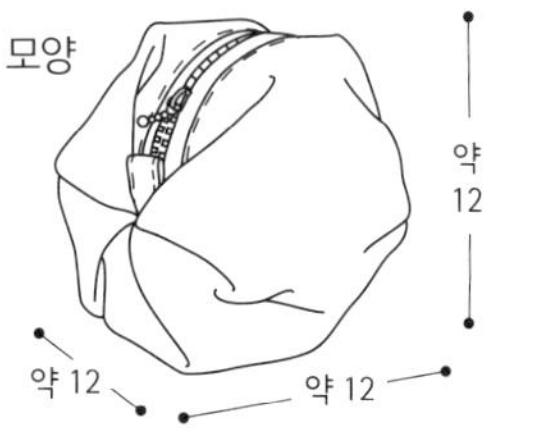

고양이 파우치 Photo ▷ P.55

완성 사이즈
폭 19×높이 9.8×옆면 4cm(열린 상태)

실물크기 패턴
【K】<1> 본체, <2> 귀

재료(1개 분량)
코튼(호피무늬)…50×30cm
시팅(오프화이트)…50×20cm
지름 0.2cm 왁스코드(흰색)…55cm×2개

마름질과 치수

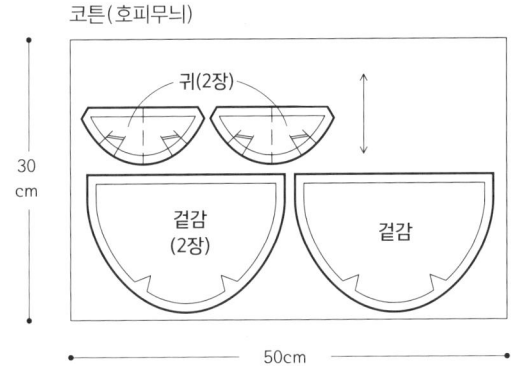

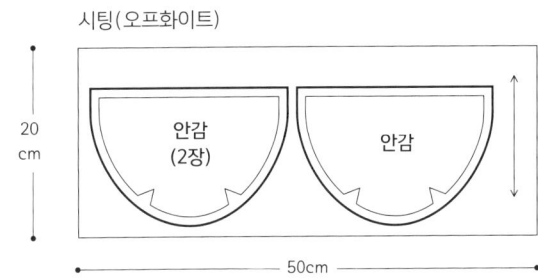

* 시접은 1cm을 넣는다.

바느질 순서

① 귀를 만든다.

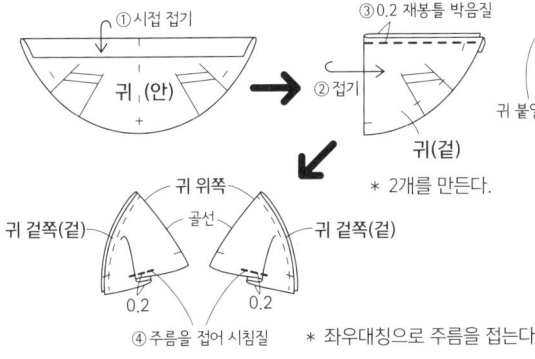

② 겉감과 안감의 주머니 입구를 박는다.

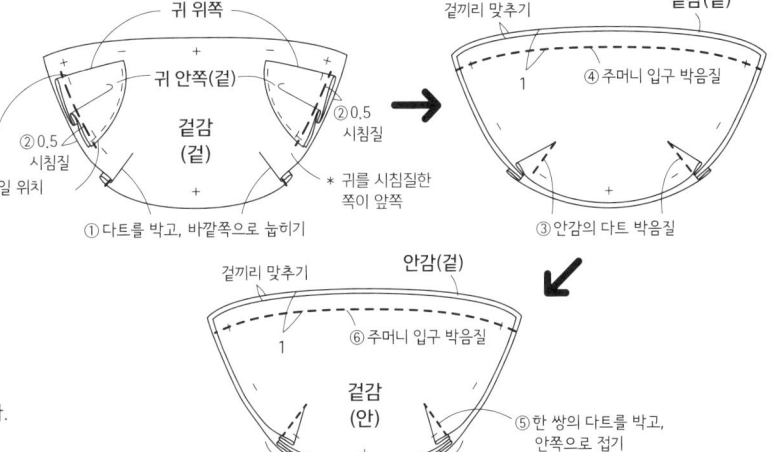

③ 옆, 바닥을 박는다.

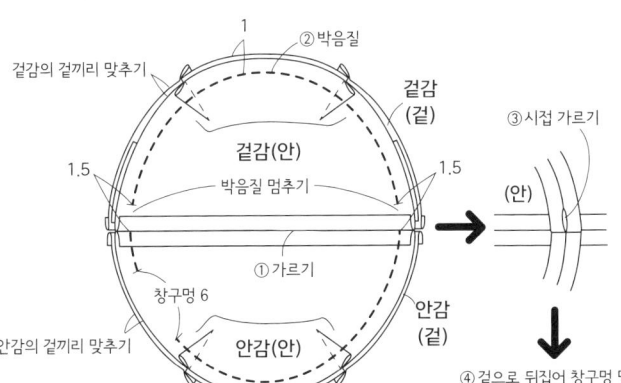

④ 코드를 통과시킨다.

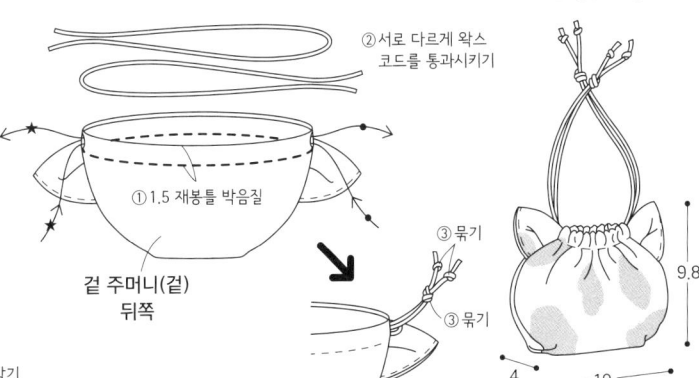

* 완성된 모양

design & make

> 옷의 형태 디자인 오카다 케이코
http://blog.goo.ne.jp/flico

> dekobo 공방 쿠보데 라요코
http://www.dekobo.com/

> sewsew 신구 마리
https://blog.goo.ne.jp/sewsew1

> komihinata 스기노 미오코
https://blog.goo.ne.jp/komihinata

> mini-poche 요네다 아리
http://minipoche.cocolog-nifty.com/

"TANOSHIKU MANABERU! POUCH NO KYOSHITSU" (NV70502)
Copyright © NIHON VOGUE-SHA 2019
All rights reserved.
First published in Japan in 2019 by NIHON VOGUE Corp.
Photographer: Yukari Shirai, Noriaki Moriya

This Korean edition is published by arrangement with NIHON VOGUE Corp., Tokyo
in care of Tuttle-Mori Agency, Inc., Tokyo through Amo Agency, Seoul.

기초의기초 1

맨처음 파우치

ⓒ 보그사, 2018

1판 1쇄 펴낸날 2021년 4월 30일
지은이 보그사 **옮긴이** 브론테살롱 **펴낸이** 이은영 **디자인** Design ET
펴낸곳 도트북 **등록** 2020년 7월 9일(제25100-2020-000043호)
주소 서울시 노원구 동일로 242길 80 상가 2F **전화** 02) 933-8050
전자우편 reddot2019@naver.com **블로그** blog.naver.com/reddot2019
ISBN 979-11-971956-1-7 13590

이 책의 한국어판 저작권은 AMO에이전시를 통해 저작권자와 독점 계약한 도트북에 있습니다.
저작권법에 의해 한국 내에서 보호를 받는 저작물이므로 무단 전재와 무단 복제를 금합니다.